MANUEL

DU CAPITAINE,

DU MÉCANICIEN ET DU CHAUFFEUR

DE

BÂTIMENT A VAPEUR.

PAR M. JANVIER

OFFICIER DE MARINE.

PARIS.

CARILIAN-GOEURY, LIBRAIRE

DES CORPS ROYAUX DES PONTS ET CHAUSSÉES ET DES MINES,

QUAI DES AUGUSTINS, N° 41.

1831

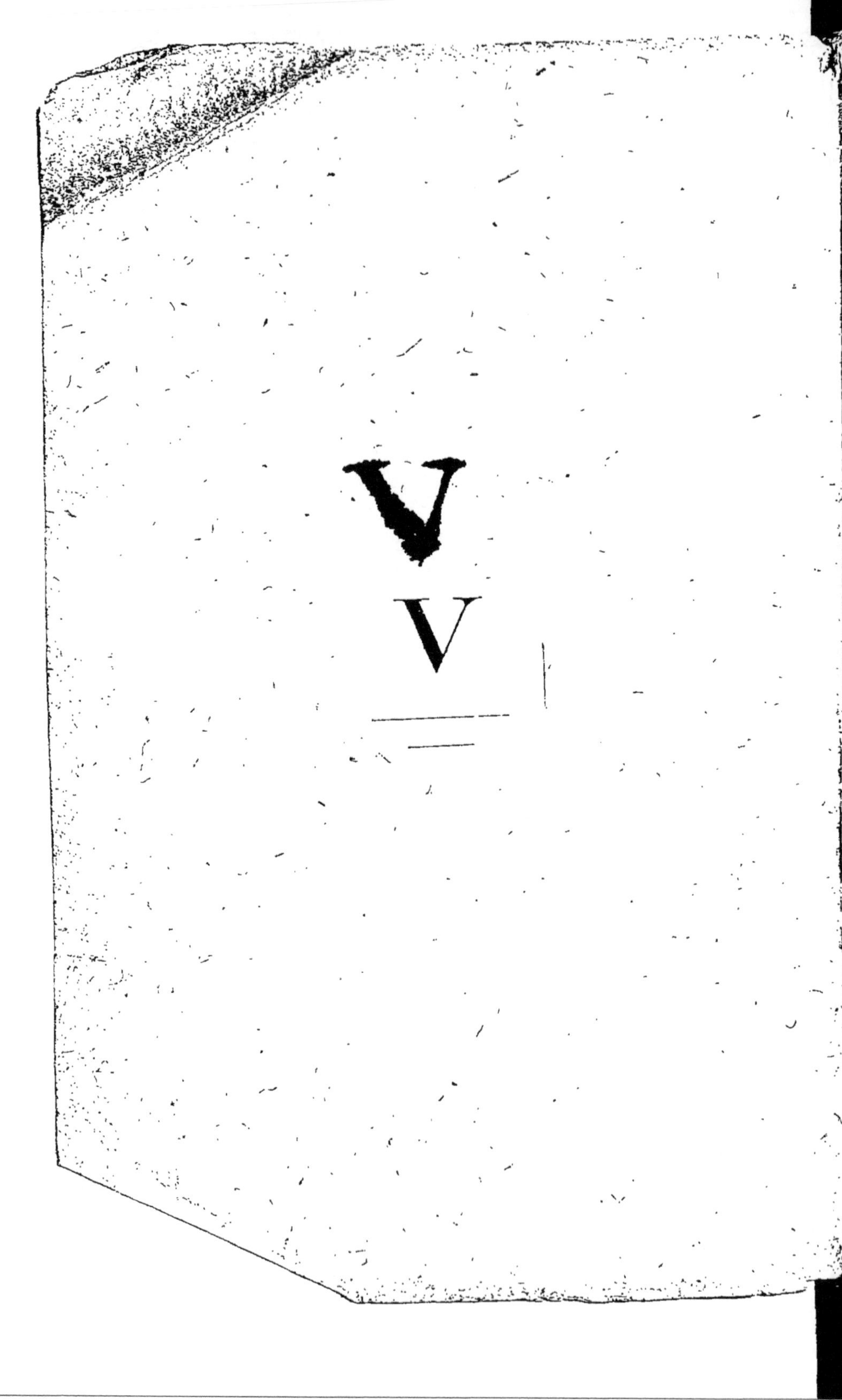
V

MANUEL

DU CAPITAINE,

DU MÉCANICIEN ET DU CHAUFFEUR

DE BATIMENT A VAPEUR.

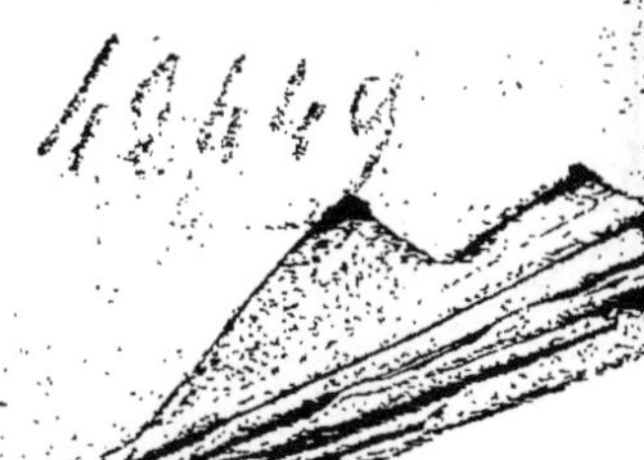

IMPRIMERIE LE NORMANT FILS,
rue de Seine, n. 8.

MANUEL

DU CAPITAINE,

DU MÉCANICIEN ET DU CHAUFFEUR

DE

BATIMENT A VAPEUR.

PAR M. JANVIER,

OFFICIER DE MARINE.

PARIS.

CARILIAN-GOEURY, LIBRAIRE

DES CORPS ROYAUX DES PONTS ET CHAUSSÉES ET DES MINES,

Quai des Augustins, n° 41.

1831.

PRÉFACE.

———

Les progrès de la navigation par la vapeur dans l'intérieur de la France, ceux qu'elle doit faire sur notre littoral maritime, et particulièrement sur la mer Méditerranée, dont les traversées sont toutes du genre de celles qui conviennent parfaitement aux bateaux à vapeur, nous ont engagé à publier ce Manuel.

Nous avons pour but principal de familiariser avec ce genre d'industrie ceux qui peuvent être appelés à diriger les navires et les machines à vapeur, de leur faciliter, sans beaucoup de travail, l'entendement du jeu et des fonctions de chaque pièce du mécanisme ; enfin d'augmenter, comme la chose est très-possible, le petit nombre de ceux de nos compatriotes qui s'occupent de cette branche importante de l'industrie, bientôt, n'en doutons pas, de la force nationale.

Pour atteindre ce but, il a fallu emprunter un style propre à la fois aux capitaines, aux mécaniciens et aux chauffeurs, et éviter surtout d'enfanter le dégoût par des calculs à réflexions ou des raisonnemens longs et tortueux.

On connaît les suites de quelques explosions qui eurent lieu en France et chez nos voisins ; elles furent déplorables et jétèrent l'épouvante dans l'esprit du public. Cette méfiance n'est point encore éteinte et continue à porter un préjudice notable au commerce et aux progrès de cette industrie ; aussi nous attachons-nous plus particulièrement à démontrer com-

bien les causes de ces accidens sont deve-
nues claires et précises, et par conséquent
combien le remède est facile à appliquer.
On peut dire aujourd'hui que les causes
des explosions sont tellement connues, que
les personnes préposées à la conduite des
machines seraient blâmables si elles se
laissaient surprendre par les accidens capables de les produire.

Nous exposerons d'abord quelques unes
des propriétés de la vapeur d'eau, qui sont
tout-à-fait inséparables de l'explication gé-
nérale et la plus rationnelle des accidens
physiques qui précèdent et déterminent
l'explosion. Nous reviendrons plusieurs
fois sur ce même chapitre, sans craindre
de nous répéter; nous détaillerons ensuite
la conduite mécanique des machines à vapeur appliquées à la navigation; nous
dirons quelques mots de la manœuvre du
bâtiment, et nous terminerons par une nomenclature, dans laquelle on pourra trouver

à chaque instant la valeur des termes employés dans cet ouvrage, et qu'on chercherait vainement ailleurs. A l'appui de l'explication écrite, cette nomenclature a l'avantage de renvoyer, pour l'intelligence des pièces mécaniques, aux dessins placés à la fin du volume. Ces dessins, nous sommes obligés de l'avouer, appartiennent aux Anglais ; leurs machines à vapeur, bien que l'invention du principe et de son application à la navigation soit française, sont à peu près les seules qui jusqu'à présent ont résisté aux épreuves de la mer ; elles sont généralement employées même parmi nous, et c'est pour cela que nous avons cru devoir y attacher notre choix. Ceci est malheureusement vrai, et il l'est encore que nous sommes tributaires de l'étranger relativement aux mécaniciens ou machinistes que l'on emploie à bord des bateaux à vapeur, et cependant ce métier n'est point hérissé de telles difficultés qu'elles puissent valoir les salaires exagérés qu'ils exigent ordinairement [1].

Nous ne sommes point assez présomptueux pour penser avoir complètement réussi, bien qu'une longue et assez dure expérience nous ait souvent placé en face de presque tous les accidens que nous allons signaler; mais, nous le répétons, quelle que soit la valeur de ce livre, il était à faire et manquait, pour les préserver du dégoût, aux personnes qui, en présence d'une machine en mouvement veulent embrasser les effets et les causes du premier

[1] Il y en a qui se font payer jusqu'à 20 fr. par jour. Les deux tiers de ceux qui en France monopolisent cet emploi, soit à bord des bateaux à vapeur, soit dans les usines, sont des étrangers. Ils défendent avec tant de soins l'abord des machines qu'ils conduisent, qu'on ne saurait voir dans cet excès de précaution ni prétexte d'embarras ou d'accidens quelconques, mais bien un motif d'intérêt particulier facile à deviner.

coup-d'œil, ou qui comptent mal à propos sur les communications des mécaniciens initiés, dont l'égoïsme, l'intérêt ou l'amour-propre ne leur fourniront jamais que des demi-explications ou des mensonges.

MANUEL
DU CAPITAINE,
DU MÉCANICIEN ET DU CHAUFFEUR
DE BATIMENT A VAPEUR.

CHAPITRE PREMIER.

DE LA VAPEUR D'EAU.

L'EAU n'est pas le seul liquide capable de produire de la vapeur qu'on pourrait utiliser comme puissance motrice; mais c'est celui qui, jusqu'à présent, paraît offrir avec économie le plus d'avantages réels.

Ce liquide, composé de gaz oxygène et de gaz hydrogène, si abondamment répandu dans la nature, presque toujours mêlé à des substances étrangères, peut s'obtenir pur par la distillation; alors ses principaux caractères sont d'être insipide, inodore, incolore, trans-parent et très-peu compressible. On parvient de plusieurs manières à séparer les deux élé-mens qui la constituent, et très-souvent, dans les machines à vapeur mal construites, des effets galvaniques, presque toujours destruc-teurs, présentent le phénomène de sa décom-position.

Dans nos climats, l'état habituel de l'eau est l'état liquide; mais, sans être décomposée, elle peut encore se présenter à nous sous deux formes différentes, sous celle de glace et sous celle de vapeur.

L'eau passe à l'état de solide ou de glace, quand la température s'abaisse au-dessous de 0[1], et, par suite de cette transformation, elle ac-quiert un volume plus grand que le primitif d'environ 1/14e [2].

[1] Relativement aux mesures des températures thermométriques, nous ne ferons mention dans cet ouvrage que de l'échelle centigrade.

[2] Il résulte souvent de cette augmentation de vo-lume la destruction des tubes, et même des diverses autres parties de la machine, quand elle ne fonc

En soumettant à une chaleur croissante l'eau primitivement à 0° de température; lieu de se dilater, elle offrira ce singulier énomène de se contracter jusqu'aux en- ons de plus 4° centigrades [1], et ce ne sera à partir de cette époque qu'elle commen- a à suivre la loi ordinaire de dilatation des rps. Enfin quand la température aura atteint terme de 100°, son volume se sera dilaté de 3e de ce qu'il était à $+$ 4° centigrades. L'eau produit déjà de la vapeur élastique, and elle est encore à l'état de glace; mais us n'en parlerons qu'à partir du moment

nne pas. Aucune résistance ne saurait faire obs- le aux effets de la gelée; et, comme il est presque possible de vider entièrement les différens tubes machines à vapeur lorsqu'elles ont cessé de fonc- nner, il convient d'allumer du feu en hiver, and on craint ou qu'on éprouve de grands froids, ns la partie des ateliers ou des navires qui con- nnent les appareils en question. Cette époque de température où l'eau ne sau- it acquérir un volume moindre, se désigne ordi- airement sous les noms de *maximum*, de *conden-* tion.

2

où elle commence à offrir de l'utilité aux arts comme force motrice, c'est-à-dire à 100° de température, époque de son ébullition, quand toutefois la pression de l'atmosphère soutient le mercure des baromètres à 0^m,76.

On dit alors que la vapeur d'eau possède une puissance élastique capable de faire équilibre à la pression de l'atmosphère, et voici comment on peut s'en assurer. Dans la chambre barométrique d'un baromètre ordinaire, faites passer une goutte d'eau [1]. D'abord cette goutte d'eau, en arrivant dans l'espace vide (la chambre barométrique de l'instrument) émettra ins-

[1] Voici comment on peut y parvenir : le tube étant plein de mercure, et l'extrémité ouverte étant tournée en haut, videz un peu du métal et remplacez-le par de l'eau, bouchez ensuite avec le doigt et renversez ce tube, vous verrez aussitôt la petite portion d'eau monter au travers du métal et venir occuper son sommet; après cela plongez ce tube, toujours bouché, dans une cuvette de mercure, et retirez le doigt le métal descendra à une hauteur qui dépendra de la pression actuelle de l'atmosphère et de la vapeur qui se formera.

tantanément une somme de vapeur relative à la température du moment, tandis qu'une portion conservera son état liquide ; le niveau du mercure baissera d'une certaine quantité.

Remarquons, en passant, que si, dans de pareilles circonstances, on enfonce davantage le tube du baromètre dans la cuvette, le sommet de la colonne de mercure restera constamment à la même hauteur, à partir du niveau de la cuvette, et que cette immobilité se conservera encore, si on donne au même tube un mouvement ascendant contraire.

Ainsi donc, dans ces diverses positions de l'instrument, la vapeur d'eau ne s'est point comprimée ni détendue, puisque la hauteur du niveau supérieur de la colonne n'a pas changé ; elle variait seulement en quantité et en raison inverse du volume du liquide au-dessus duquel elle s'était formée, c'est-à-dire qu'il se produisait une nouvelle quantité de vapeur aux dépens du volume de l'eau, quand l'espace était agrandi ; elle se condensait et repassait à l'état liquide dans le cas contraire. Dans les deux circonstances, la longueur de la colonne de mercure suspendue restait exactement la même et mesurait évidemment par sa longueur comparée à celle d'un autre baromètre en fonction, la tension effective de la vapeur dans le vide barométrique, relativement à la température du moment.

Nous disons donc que la vapeur d'eau ne se comprime pas, quand elle ne change pas de température, et qu'elle varie seulement en quantité, comme l'espace qui la contient en grandeur.

Maintenant soumettons notre instrument entier à une chaleur progressivement croissante. Alors les quantités de vapeur et leurs tensions augmenteront graduellement avec elle, le niveau du mercure s'abaissera à mesure, et quand la température aura atteint $100°$, on remarquera que la colonne de mercure a baissé jusqu'au niveau de la cuvette. Or, avant d'introduire la goutte d'eau dans la chambre barométrique, la longueur de la colonne de mercure était de $0^m,76$, égale à celle qui mesure la pression ordinaire de l'atmosphère : donc la force de tension, qui a pu l'abaisser ainsi jusqu'au niveau de la cuvette, ne peut être que la même; en un mot, la force élastique de la vapeur d'eau à 100° de température est égale à la puissance de l'atmosphère, c'est-à-dire à $1^k,033$ par centimètre carré de surface [1].

Dans l'expérience que nous venons d'indiquer, nous supposons que la petite quantité d'eau introduite dans la chambre barométrique était suffisante pour fournir un volume de vapeur capable de remplir sa capacité.

Mais il peut en être autrement si, par exemple, dans la première expérience, à mesure que l'appareil approchait de la température de 100°, le liquide eût manqué, pour fournir une quantité suffisante de vapeur, le niveau supérieur du mercure de la colonne suspendue, malgré l'addition de chaleur, ne serait point descendu jusqu'à celui de la cuvette. Supposons cependant que, par un moyen quelconque,

---

1 Cette quantité de $1^k,033$ est la valeur en poids d'une colonne de mercure de $0^m,76$ de longueur et de 1 centimètre carré de surface de base, ou encore d'une colonne d'eau de 32 pieds ($10^m,39$) de longueur et de même base.

2.

on soit parvenu à l'obliger à descendre jusque-là, alors l'espace agrandi, et la vapeur ainsi dilatée dans une capacité trop grande, eussent été désaturés. On sait, au reste, que 1 centimètre cube d'eau liquide peut fournir 1700 centimètres cubes de vapeur à 100°; ainsi donc, une capacité plus grande que 1700 fois le volume d'eau destiné à être converti en vapeur sera désaturée comme aussi la vapeur contenue. L'eau et la vapeur seront saturées, quand la capacité sera égale à 1700 fois le volume d'eau en question, et encore quand cet espace sera plus petit que le chiffre 1700. Mais dans ce cas, comme nous l'avons vu plus haut, une portion de vapeur se réduira de nouveau à l'état liquide.

La vapeur d'eau désaturée, non en présence d'un excès de liquide, ne possède plus la même vertu de dilatation et de puissance que celle qui se trouve en contact avec un excès de liquide ; elle rentre dans le cas des fluides élastiques permanens et secs non comprimés, c'est-à-dire que sa dilatation pour 100° centésimaux n'est plus que de 0,375, tandis que la force élastique de la vapeur d'eau saturée et en contact avec

un excès de liquide croîtra pour une température semblable dans le rapport de 1 à 160.

Ici nous observerons un cas particulier,
c'est que bien que la vapeur d'eau soit en contact avec un excès de liquide, il est encore
possible qu'elle ne soit point saturée, et cette
circonstance se présente quand la chaleur est
appliquée à la vapeur, et que l'eau inférieure
reste immobile sans participer au feu du foyer;
mais nous reviendrons sur ce sujet important
en temps opportun.

L'instrument qui nous a servi à mesurer la
puissance élastique de la vapeur d'eau à des
températures inférieures à 100°, et à prouver
qu'à la pression habituelle de l'atmosphère, cette
même vapeur d'eau a 100° de température, et
quand elle est saturée, lui fait équilibre, n'est
point applicable à la mesure des fortes tensions
qu'elle éprouve quand, sans cesser d'être saturée, on élève sa température au-delà de 100°;
un autre appareil a servi dans ces derniers
temps pour l'observer dans de pareilles circonstances.

Citer pour observateurs les noms de

MM. *Arago* et *Dulong*, c'est donner aux résultats qu'ils obtinrent toute la valeur qu'ils
méritent.

L'appareil employé par ces Messieurs se
compose d'une capacité ou chaudière hermétiquement bouchée et destinée à contenir l'eau
qui doit produire là vapeur dont on veut mesurer la tension. D'une solidité éprouvée, cette
chaudière est armée d'un manomètre bouché
et d'un manomètre ouvert prolongé indéfiniment ; un thermomètre lui était pareillement
adapté, de telle façon que la pression intérieure
de la vapeur sur le tube et sa boule ne pût en
aucune manière fausser les indications de cet
instrument. C'est au moyen d'un appareil semblable que ces Messieurs sont parvenus à pousser la chaleur jusqu'à $224^\circ,2$ centigrades, et
par suite la pression de la vapeur jusqu'à celle
énorme de 24 atmosphères. Nous donnons à
la fin du volume la table qu'ils dressèrent d'a--
près leurs observations ; elle est peu différente,
comme on peut s'en assurer, de celles qu'on
possédait auparavant.

MM. Arago et Dulong profitèrent encore de

celle circonstance pour s'assurer de la réalité des indications de l'appareil de Mariotte (du manomètre bouché), et ils virent effectivement que le volume de l'air comprimé était toujours en raison inverse de la force de compression, et son élasticité en raison directe.

Quand les chaudières bouchées, semblables à celles dont nous avons fait mention plus haut, sont capables, par leur capacité, leur surface de chauffe et la disposition des foyers, de fournir à une consommation de vapeur relative à la puissance de la machine qu'elle est appelée à faire mouvoir, et qu'en même temps elles sont munies des appareils de sûreté et de ceux nécessaires pour être alimentées et servies avec facilité, elles constituent, à proprement parler, les chaudières des machines à vapeur : mais la principale condition de ces appareils est celle qui repose sur la résistance obligée qu'elles doivent présenter à la pression intérieure de la vapeur qu'elles sont appelées à produire.

Les Anglais sont revenus de cette mauvaise habitude d'éprouver les chaudières à des pressions trop supérieurs à celles qu'elles doivent supporter habituellement, et qui étaient susceptibles d'altérer les formes des chaudières, et même de les dégrader. Ils en sont revenus surtout depuis que les causes d'explosion ont été parfaitement connues et analysées.

Les épreuves des chaudières se font ordinairement avec la presse hydraulique ou avec des pompes foulantes à pression, au moyen desquelles on injecte de l'eau dans l'intérieur des chaudières. Le manomètre dont elles sont armées accuse à chaque instant l'effort qu'elles supportent ; mais on s'arrête ordinairement, pour les chaudières à basse pression, à une atmosphère, en sus de celle qu'elles sont appelées à supporter habituellement.

Toutefois, la tenacité du métal à chaud n'étant pas la même qu'à froid [1], il en résulte que ces épreuves sont frappées de quelques incerti-

---

[1] Il a été constaté que le fer forgé chauffé jusqu'au rouge obscur perd un sixième de la résistance qu'il présente quand il est à la température habituelle de l'atmosphère.

ludes. Il y a des constructeurs qui éprouvent leurs chaudières à de très-hautes pressions et à chaud; mais, nous le répétons, les causes principales d'explosion sont si bien connues aujourd'hui, que l'on commence à ne plus s'attacher autant à donner aux appareils évaporatoires cet excès de solidité qui multipliait encore les suites désastreuses des explosions [1].

Quand on applique le feu aux chaudières des machines à vapeur, voici à peu près les circonstances qui précèdent et suivent ordinairement l'époque de l'ébullition.

Les couches d'eau les plus rapprochées du foyer s'échauffent les premières, transmettent peu à peu leur calorique aux plus voisines, et en outre des courans d'eau chaude, s'établissent dans la masse du liquide, et celle-ci finit enfin par acquérir la température de 100°.

L'ébullition se prononce alors d'une manière

---

[1] Il est bien évident que les épreuves en question n'accusent que la résistance de l'appareil quand on l'éprouve, et que l'usage, comme plusieurs autres circonstances dépendantes du soin qu'on a des chaudières, peuvent la diminuer de beaucoup.

tumultueuse ; une vapeur de même température s'empare de l'espace compris entre la voûte
supérieure de la chaudière et le niveau du liquide ; elle se mêle avec l'air qu'il contient
préalablement ou le remplace à mesure qu'on
lui donne une issue à l'extérieur. Quand l'espace en question est plein de vapeur, si on
continue le feu sans la consommer, cette même
vapeur établit une pression croissante au-
dessus du liquide, et l'ébullition, bien que la
température augmente, est contrariée [1] ; enfin,
l'évaporation continuant d'avoir lieu, la vapeur

[1] On doit établir une grande différence entre ce
qu'on appelle ébullition et l'évaporation ; l'ébullition
est l'action tumultueuse par laquelle la vapeur se
forme par globules contre les parois chauffées des
vases qui contiennent le liquide ; ces bulles vont
crever à sa surface. La pression plus ou moins
grande de l'atmosphère contrarie ou facilite l'ébullition dans les vases ouverts. La pression de la vapeur agit semblablement dans les vases bouchés ;
mais quelqu'énergique que soit la pression, dans
l'un et l'autre cas, elle n'empêche nullement la vaporisation du liquide.

d'eau dépasse la tension relative à 100°, et acquiert une force élastique qui s'accroît comme la température, et qui finirait probablement par triompher de la résistance de l'appareil, quelque grande qu'elle fût, si on n'arrêtait le feu à temps.

Cette augmentation de température et de tension ne peut avoir lieu dans les vases ouverts, parce que la vapeur d'eau, à mesure qu'elle se produit, se projette dans l'atmosphère dont la pesanteur équilibrée ne contrarie plus la dispersion ; elle emporte avec elle tout le calorique ajouté, lequel, dans les chaudières bouchées, s'accumule et concourt alors à donner à la vapeur les grandes tensions dont il est question plus haut.

L'eau, par suite de cet accroissement de température, augmente notablement de volume, et dans le rapport de $\frac{1}{23}$ de celui qu'elle occupait primitivement à $+4°$, nous l'avons déjà vu plus haut ; mais cette dilatation étant permanente pendant tout le temps que la machine est en fonction, ou sujette à des variations extraordinairement minimes, il s'ensuit qu'elle ne donne lieu à aucune cause de perturbation ; on peut négliger d'y faire attention.

Mais il n'en est point de même du changement de volume qui résulte de l'ébullition en vigueur ou annulée, c'est-à-dire de l'enflure ou de la contraction du liquide : il peut se répéter autant de fois qu'on a besoin d'arrêter ou de remettre en fonction les machines ; et si la dénivellation, qui en peut être la suite, s'ajoute à celle qui peut être l'effet d'un défaut d'alimentation, et même aussi avec celle qui résulte dans les chaudières dites à tombeau de l'enflure particulière des surfaces planes de ces capacités, des événemens sinistres peuvent en être la suite immédiate [1].

Nous dirons donc que les causes les plus ordinaires qui peuvent faire varier osciller le ni-

[1] Les chaudières cylindriques à foyers intérieurs ont aussi dans leurs façons particulières des causes qui peuvent donner lieu à de grandes dénivellations de la part du liquide ; elles sont dues au plus ou moins grand éloignement de la surface du liquide du grand diamètre de l'appareil, et peut-être aussi aux chambres de vapeurs,

veau du liquide dans les chaudières sont dues à l'ébullition alternativement activée ou suspendue au défaut d'alimentation, à l'enflure accidentelle des surfaces planes des chaudières, produites par une pression plus forte qu'à l'ordinaire; enfin on peut ajouter à ces causes plusieurs cas d'échouages capables de donner aux bâtimens une inclinaison quelconque, et en outre susceptibles de boucher les ouvertures des prises d'eau d'injection.

On entend sous le nom de surface de chauffe, cette portion de l'appareil évaporatoire qui, recevant immédiatement le contact du feu, de la flamme ou de l'air échauffé, communique la chaleur à l'eau qui doit engendrer la vapeur, et qui, par conséquent, doit l'envelopper et la toucher de toutes parts; c'est de son étendue, de celle de ses contours, et de leur bonne disposition que dépend en grande partie la quantité de vapeur que peut fournir la chaudière.

Nous venons de dire qu'elle doit être enveloppée de toutes parts par le liquide; cette condition est rigoureusement indispensable, et doit être l'objet d'une attention toute spéciale et de tous les momens. Car, dès qu'une portion de la surface de chauffe se trouve découverte par suite des dénivellations ou des oscillations dont nous avons parlé plus haut, on est en danger d'explosion, et on connaît les suites désastreuses et cruelles de ces sortes d'événemens. Tâchons d'expliquer ces accidens.

Supposons la machine arrêtée et qu'une portion de la surface de chauffe se soit découverte par une des causes signalées plus haut. Le métal, dans cet endroit, acquerra une température excessive, et au lieu de la communiquer à l'eau qu'il ne touche plus, la communiquera à la vapeur. Cette dernière, bien que saturée d'abord et en présence d'un excès de liquide, ne tardera pas à acquérir un surexcès de température et à devenir désaturée. En effet, la machine est arrêtée, la consommation ordinaire de vapeur n'a plus lieu, et une tension plus qu'habituelle exerce sur le liquide une pression tout-à-fait contraire à son ébullition. La dispersion de cette dernière en pluie et au milieu de l'espace occupé par la vapeur, ne favorise plus sa saturation dès qu'elle n'existe plus, et les difficultés augmentent encore à mesure que la pression devient plus énergique ; enfin la vapeur finira par contenir une quantité excessive de calorique communiqué par les parois rougies, sans que la pression, bien qu'augmentée, jouisse d'une tension à beaucoup près relative.

Or, si dans une semblable position, on rétablit l'ébullition, soit en mettant la machine en marche, soit en élevant la soupape de sûreté, soit enfin en consommant d'une manière quelconque de la vapeur [1], le niveau d'eau ne tardera pas à remonter, les surfaces découvertes et suréchauffées, quelquefois même rougies par le contact du feu et l'absence de l'eau, se couvriront de liquide, l'ébullition se prononcera tumultueusement et en pluie, et il en résultera d'abord la formation nouvelle d'un excès de vapeur élastique, et ensuite, ce qui est bien autrement terrible, la satura-

[1] L'ébullition peut encore se prononcer par suite d'une inclinaison du navire, qui tendrait à recouvrir d'eau une portion rougie de la surface de chauffe.

3.

tion instantanée et par secousse de l'espace et de la vapeur primitivement désaturée : cette dernière prendra une tension presque relative à sa température, et l'appareil ne saurait manquer de faire explosion [1].

Il nous paraît exister une sorte d'opposition d'effet entre l'accident dont nous venons de parler, et l'œuvre de la condensation. En effet, la vapeur d'eau en contact avec un métal froid et une surface d'eau pareillement froide, mais immobile, ne se condense que lentement; la machine de Savary en fournit l'exemple : tandis que, quand on fait arriver au milieu de cette même

[1] On pourrait objecter à l'effet de saturation dont nous parlons ici que l'eau de la chaudière étant moins chaude que la vapeur désaturée, son élévation en pluie dans l'espace occupé par cette même vapeur peut la condenser en partie et produire un effet inverse. Mais telle n'est point tout-à-fait notre idée; nous entendons parler de l'ébullition en pluie qui est le résultat du recouvrement accidentel des surfaces rougies, laquelle acquiert par là un excès de température, c'est-à-dire les conditions voulues pour s'identifier avec la vapeur d'eau désaturée, et non la condenser.

vapeur une certaine quantité d'eau froide en pluie, elle se condense instantanément. Réciproquement, une vapeur très-chaude, quelle que soit sa tension, peut être en contact avec une eau moins chaude, mais immobile, sans prendre pour cela une tension relative à sa température, en d'autres termes, elle restera désaturée.

Mais faites arriver une injection d'eau chaude en pluie par l'effet de l'ébullition ou de toute autre manière instantanée, et la vapeur désaturée se saturera, prendra, par une secousse beaucoup plus rapide que la condensation, une tension relative, à peu de chose près, à l'excès de température qu'elle possède dans ce moment. Ces deux cas, comme on voit, sont assez comparables par la manière dont les fluides se comportent en changeant de condition. Quant aux effets produits, celui de la condensation ne peut qu'approcher d'une atmosphère, sans pouvoir dépasser cette puissance; l'effet inverse de la saturation instantanée est tout-à-fait illimité.

Quand, dans une chaudière de machine à vapeur en pleine fonction, le niveau de l'eau baisse, si cet abaissement est progressif et tel que la surface de chauffe se découvre de plus en plus, il est très-possible et probable que la tension diminuera; en effet, la surface de chauffe supérieure à l'âtre, est une des grandes surfaces planes destinées à produire de la vapeur; c'est elle qui, par sa position et sa forme, est la mieux disposée pour recevoir avec avantage le calorique du foyer. Or, quand la chaudière est arrivée à un certain degré de perturbation, une légère dénivellation de plus peut la découvrir instantanément et soustraire cette surface productive de vapeur de celle dont l'entière étendue doit suffire à la consommation de la machine; d'une autre part, cette dernière continuant d'être en activité, l'ébullition en pluie n'est point entièrement détruite; elle contribue donc encore, quoique diminuée, à saturer une moins grande quantité de vapeur, à contrarier même et en l'humectant encore de temps en temps, le suréchauffement de la surface découverte, de sorte qu'il n'y a aucune raison pour que la vapeur augmente de tension, tandis qu'il en existe au contraire

pour qu'elle en diminue, et cela, nous le répétons, parce que la chaudière ne fournit
plus la quantité de vapeur nécessaire à la machine.

Si dans de pareilles circonstances on arrêtait
la machine, il serait possible que malgré le nou-
vel abaissement du niveau qui résulterait de cet
arrêt, et par conséquent malgré un plus grand
découvrement de la part de la surface de chauffe ;
il serait possible, dis-je, que la pression n'augmente pas encore de beaucoup, mais la vapeur
se désaturera promptement parce que l'ébullition
en pluie n'aura plus lieu, et que la surface de
chauffe découverte acquerra une chaleur toujours croissante. Les mêmes dangers d'explosion subsisteront comme dans le cas cité plus
haut, page 28[1].

[1] Quand le niveau est déjà bas dans une machine
en fonction, et qu'on néglige d'alimenter la chaudière, parce que le navire est près d'arriver au but
du voyage, ou à un point de station intermédiaire,
il y a danger, car cet abaissement peut s'ajouter à
celui qui a lieu par suite de l'arrêt de la machine.
Souvent encore, pendant que le bateau à vapeur est

Telles sont les causes les plus directes et les plus raisonnables auxquelles on doit attribuer la plupart des accidens déplorables qui ont jeté une si grande défaveur sur les machines à vapeur en général. Tant d'accidens divers et imprévus peuvent donner lieu à un abaisse-

arrêté, et que la station est longue, on laisse ouvertes les soupapes de sûreté; une consommation abondante de vapeur a lieu, et on oublie quelquefois de la réparer avec la pompe à main. Un petit instant avant le départ on referme la soupape de sûreté, et la pression s'établissant sur le liquide détruit l'é-bullition et fait baisser le niveau. Toutes ces circonstances peuvent conspirer simultanément pour que le niveau *soit trop bas de beaucoup*, qu'une surface de chauffe soit découverte et que la vapeur soit désaturée dans la chaudière. Alors, en mettant la machine en train, le niveau remontera, et on se trouvera dans un des cas d'explosion dont nous avons parlé.

Ces circonstances peuvent également s'accorder avec une forte inclinaison accidentelle du navire par suite du vent ou d'un échouage.

Une bonne quantité des explosions qu'on cite ont eu lieu après la cessation du travail des machines ou lors de leur mise en marche.

ment de niveau ; il était si naturel, dans les momens de crainte, de chercher à soulager les appareils par des soupapes de sûreté, les auteurs même recommandaient avec tant d'instances aux ouvriers d'en user fréquemment et d'en surveiller les fonctions, qu'on ne doit pas s'étonner si les remèdes d'autrefois ont souvent occasionné la plupart des accidens malheureux qu'on a à déplorer.

Ainsi donc, d'après ce que nous avons vu, il convient, dans tous les cas d'abaissement de niveau, de ne point interrompre la situation de l'appareil, c'est-à-dire, que si la machine est en pleine activité, il ne faut point l'arrêter ; et que si elle est arrêtée, il ne faut point la mettre en activité ; éteindre immédiatement le feu par tous les moyens possibles, et attendre même que les grilles et surfaces de chauffe soient entièrement refroidies, ou au moins réduites à une température dont on n'ait plus rien à craindre pour rétablir le niveau d'eau à sa hauteur habituelle, sont les premières précautions, j'oserai même dire, les plus indispensables à prendre en pareilles circonstances.

On doit donc se dispenser d'élever la soupape de sûreté parce que son soulèvement donnerait lieu à l'ébullition et déclarerait instantanément l'explosion ; et aussi s'abstenir de toute action dont le résultat serait d'abaisser encore davantage le niveau d'eau dans la chaudière, et d'augmenter ainsi les chances d'une explosion toujours dangereuse.

Le moyen le plus certain pour s'assurer des perturbations de ce genre est celui qui résulte de la comparaison du thermomètre avec le manomètre. Leur contrôle fournit des indications tout-à-fait positives ; et si on s'apercevait que la tension n'est pas en rapport avec la température selon les indications de la table placée à la fin de cet ouvrage, il y a désaturation, et le danger est imminent.

Les mêmes circonstances d'explosion peuvent avoir lieu aussi bien dans les machines à haute pression, que dans celle où la vapeur d'eau jouit d'une tension habituelle peu supérieure à la pression ordinaire de l'atmosphère. Toutefois, les suites des premiers sont plus désastreuses, en raison même de la plus grande solidité des parois qui composent l'enveloppe de l'appareil évaporatoire.

En résumé, nous observerons que si les soupapes de sûreté ordinaires sont très-propres à prévoir les augmentations graduelles de tension de la vapeur d'eau quand elle est saturée, augmentations qui ne peuvent avoir lieu que d'une manière progressive et assez lente pour ne pas échapper à l'œil des personnes préposées à la conduite des machines, et par conséquent à la surveillance des manomètres, elles deviennent tout-à-fait nuisibles dans les cas de désaturation précités.

Il est vraiment digne de remarque que depuis deux années à peu près que les causes d'explosions ont été parfaitement connues et analysées, aucun accident déplorable de ce genre n'a pas eu lieu.

Peut-être l'emploi des plaques métalliques, fusibles à tel ou tel degrés de température qu'on ne veut point dépasser, porte-t-il avec lui un inconvénient grave qui, selon nous, pourrait en faire abandonner l'usage. En effet, en cas de désaturation, la plaque en se fondant laissera une ouverture libre par laquelle la vapeur s'échappera en grande quantité; la pression sur le niveau du liquide sera diminuée, l'ébullition se prononcera immédiatement après, et l'explosion peut s'en suivre, comme nous l'avons dit plus haut [1].

On pourrait toutefois se borner à adapter aux chaudières quelques instrumens à hanche dont les becs seraient bouchés avec un pareil métal fusible; par suite de sa fusion, ces instrumens produiraient un bruit qui servirait de signal, et qui, pour être entendu convenablement, n'emploierait point une quantité de vapeur telle que l'explosion pût s'en suivre [2].

[1] Nous supposons ici que là désaturation de la vapeur soit possible sans que la plaque ait fondu préalablement.

[2] On a cherché avec une certaine opiniâtreté la cause pour laquelle les déchirures des chaudières qui ont fait explosion se dessinaient presque toujours d'une manière horizontale et voisine du niveau d'eau des chaudières. La cause nous paraît facile et rationnelle à expliquer. Là où il y a déchirure la chaleur du métal est la plus forte, et par suite la

Nous terminerons cette matière par l'exposition d'un effet particulier à un système de chaudière, qui donne lieu quelquefois à des chocs tellement violens qu'ils peuvent produire des accidens de destruction, peut-être même entraîner l'explosion des chaudières.

Ce système de chaudière se compose de plusieurs capacités cylindriques dont les unes servent à produire la vapeur, elles se nomment bouilleurs; et les autres sont destinées à la recevoir : elles se désignent sous le nom de réservoirs à vapeur. Les premières reçoivent immédiatement l'action du feu, soit par un foyer excentrique, soit par un foyer concentrique. Les secondes, comme nous

résistance la plus faible; l'eau n'étant point, dans ces momens-là, aussi chaude que la vapeur, limite elle-même d'une manière horizontale l'excès de chaleur que le foyer transmet aux parois des chaudières. Et cet excès de température doit évidemment, par la disposition même des âtres, être le plus rapproché de la base inférieure. Si des déchirures ont été très-irrégulières, on peut supposer que la chaudière fût presque entièrement ou même tout-à-fait vide d'eau.

avons dit, reçoivent la vapeur qui se forme dans les premières; elles contiennent en outre cette masse d'eau dont il importe tant de conserver le niveau à la même hauteur quand les machines sont en fonction. Les bouilleurs inférieurs et les réservoirs supérieurs sont liés entre eux par des tubullures qui servent à livrer conduit à la vapeur. Or, si ces tuyaux ne sont pas assez larges ou assez multipliés, il arrive souvent que la vapeur qui se forme dans les bouilleurs ne se rend qu'avec difficulté ou par soubresaut dans les réservoirs supérieurs. Cet accident peut se trouver encore favorisé par un défaut d'horizontalité de la part de l'appareil, et alors il se forme dans l'intérieur des bouilleurs, souvent à leurs extrémités, ce qu'on appelle des chambres de vapeur.

Alors, quand l'alimentation est dirigée au milieu d'une de ces chambres à vapeur, il peut y avoir condensation immédiate et brusque, choc, et peut-être même un de ces écrasemens de dehors en dedans, qu'on avait quelque difficulté à expliquer.

Il peut aussi arriver que, par suite de pareilles circonstances, la vapeur ainsi emprisonnée puisse se désaturer par l'effet de son contact avec les surfaces de chauffe ; qu'elle se sature ensuite par une circonstance particulière, et qu'enfin les cylindres intérieurs qui servent de foyers soient repoussés en dehors.

L'existence réelle des chambres de vapeur a été confirmée par des expériences récentes faites à *Toulon* ; elles donnent l'explication la plus rationnelle de quelques cas d'explosions qui n'en avaient eu jusqu'à présent que d'imparfaites.

———

Maintenant nous connaissons comment on parvient à obtenir la vapeur d'eau, nous allons voir comment on l'emploie pour obtenir le mouvement des machines à vapeur dites à basse pression ; mais auparavant il est nécessaire que nons disions un mot de la condensation.

Cette opération consiste à soustraire instanfanément d'une capacité quelconque la vapeur d'eau qui s'y trouve, et cela par le moyen de sa réduction immédiate à l'état d'eau liquide. Quand le vase est bouché, la place qu'occupait la vapeur reste parfaitement vide, ou du moins, à très-peu de chose près, comme nous le verrons tout à l'heure.

En général, la vaporisation des liquides pouvant être considérée comme le résultat de la combinaison du calorique avec les particules du fluide, le retour des mêmes vapeurs à l'état liquide peut s'entendre dans un sens inverse, c'est-à-dire, comme résultant de la séparation du même calorique des molécules fluides qu'il divisait.

La mesure de la température des corps solides ou liquides s'obtient au moyen de l'instrument connu sous le nom de thermomètre ; mais cet instrument n'indique, à vrai dire, que la qualité du calorique, son degré d'énergie ; quant à la quantité, elle dépend de la nature même des corps, de leur volume, peut-être même aussi de leur contexture particulière. Nous avons vu plus haut qu'exposée à une chaleur progressive sous la pression atmosphérique de 0°,76, l'eau dans les vases ouverts ne saurait acquérir une plus haute température que 100°; passé ce terme, le feu ne s'emploie plus qu'à une plus ou moins grande formation de vapeur qui emporté au fur et à mesure avec elle, et dissipe dans l'atmosphère tout le calorique ajouté. Ce calorique, que n'indique point le thermomètre, s'appelle latent.

Mais, pour fixer les idées, nous rappellerons l'expérience de physique de laquelle il conste que 100 parties de vapeur à 100° peuvent échauffer, jusqu'à cette même température, 466 parties d'eau primitivement à 0°, telle est cette quantité de calorique que ne sont pas capables d'indiquer nos instrumens thermométriques qu'on appelle latente. Tous les corps solides ou liquides en contiennent en plus ou moins grande quantité, quelque basse que soit leur température.

L'existence du calorique latent devient encore sensible par l'expérience du briquet à compression, au moyen duquel on rassemble dans un petit espace, et dans un instant très-court, une certaine masse d'air comprimé, et, par conséquent, de calorique latent. L'étincelle qui en résulte et qui enflamme l'amadou provient du calorique spécifique ou latent contenu dans l'air; mais cette opération demande de la rapidité, afin que le même calorique dont nous parlons, devenu sensible, ne rayonne pas dans l'espace et sur les corps environnans.

Un effet contraire a lieu, par suite de l'expansion des gaz ou des vapeurs dans des espaces plus grands, et il en résulte une consommation notable de calorique, et conséquemment une production de froid très-sensible.

Le calorique spécifique ou latent des corps, et de la vapeur en particulier, est une condition essentielle de leur existence, et c'est lui-même qu'il faut enlever à la vapeur par l'œuvre de la condensation, afin de la réduire à son état primitif d'eau liquide.

La condensation de la vapeur d'eau s'opère d'une manière plus ou moins parfaite, selon les qualités et les quantités de calorique qu'elle contient, et en même temps aussi, selon l'énergie des moyens employés pour s'en emparer. On en a essayé de plusieurs espèces.

Quand il s'agit de ne pas perdre le liquide vaporisé, on fait passer la vapeur dans un refrigérant plongé dans l'eau froide, assez vaste et convenablement disposé dans sa capacité intérieure pour mettre le plus de surfaces froides possibles en contact avec la vapeur. Celle-ci, par suite de son contact avec des corps froids, se condense en se liquéfiant, et la température de la capacité qui sert de refrigérant est maintenue froide à l'extérieur au moyen d'une alimentation continuelle d'eau, laquelle s'obtient avec le secours même de la machine. On sait que c'est une propriété de la vapeur d'eau de se condenser, c'est-à-dire d'équilibrer sa température avec celle des corps froids qui sont soumis à son contact, et qu'un vide plus ou moins parfait est le résultat de cette opération. Nous disons plus ou moins parfait, car les parois du refrigérant s'échauffent nécessairement un peu, par suite du calorique communiqué par la vapeur; ils étaient en outre d'une température égale à celle de l'eau froide, dans laquelle cette capacité plonge, et qui, quoique insensible, existe réellement (elle est probablement voisine de celle de l'air ambiant). Or, il résulte de ces circonstances que l'intérieur du refrigérant reste saturé de vapeur, dont la température est encore de 40 à 45° centésimaux; à ce degré-là, la vapeur élastique de l'eau, dont la formation d'ailleurs se trouve favorisée par le vide de l'appareil, peut encore soutenir une colonne de mercure d'environ 65,627 millimètres.

Toutefois, par la méthode que nous venons d'indiquer, l'œuvre de la condensation est bien lente et bien imparfaite.

Pour concourir avantageusement au mouvement des machines à vapeur appliquées à certaines industries, à la navigation, par exemple, on a employé avec efficacité un autre procédé qui offre une rapidité très-grande dans le moment d'exécution.

Il consiste à employer un refrigérant ou condenseur beaucoup plus petit et en communication directe d'une part avec une pompe à air et à eau tout à la fois, et d'autre part avec la capacité ou le cylindre qui contient la vapeur qu'on veut supprimer. Cela posé, le piston de la pompe à air, en s'élevant, fait le vide jusqu'à un certain point dans le condenseur; en même temps on ouvre (c'est la machine même qui produit ce mouvement) communication entre ce dernier et le cylindre qui contient la vapeur, et on injecte dans le condenseur un filet d'eau en pluie. La vapeur, par suite de toutes ces dispositions, se rend immédiatement au condenseur; dans son trajet elle rencontre l'eau en pluie dont nous venons de parler, et se liquéfie instantanément en se mêlant avec elle. Un vide assez parfait est la suite de cette opération; et l'eau, résultat de l'injection et de la vapeur condensée, est enlevée par le jeu même de la pompe à air. C'est sur cette même eau, qui acquiert, par cette opération, une certaine chaleur, qu'on prend l'alimentation de la chaudière.

Par le premier procédé, on peut recueillir l'eau condensée et la renvoyer sans mélange dans la chaudière; incessamment distillée, elle ne donnera lieu à aucun dépôt ni sédiment. Il en est autrement dans le second cas, et c'est afin de prévoir les accidens qui peuvent en résulter, qu'on adapte aux chaudières des pompes dites d'exhaussion destinées à enlever en quantité mesurée, et dans la partie basse des chaudières, une certaine portion de l'eau sur-saturée, soit de sel marin, soit de toute autre matière tenue en dissolution ou en suspens dans l'eau. On verra, dans le cours de cet ouvrage, comment on parvient à rendre la perte de calorique qui résulte de l'exhaussion la plus minime possible.

Il résulte, comme on doit bien le supposer, de la seconde méthode de condensation, qui d'ailleurs est la seule employée aujourd'hui, que les quantités d'eau à injecter doivent varier comme la température de la vapeur, et aussi comme sa quantité, et enfin que plus cette eau sera froide, plus on devra espérer une con-densation parfaite.

Maintenant que nous connaissons les moyens de produire de la vapeur et de la détruire ou supprimer instantanément, il nous sera très-aisé de comprendre comment s'opère le jeu des machines à vapeur.

Supposons un cylindre muni de son piston, et que la pesanteur et le frottement de ce dernier soient équilibrés au moyen d'un contre-poids, de manière à ce qu'il puisse rester avec indifférence à un point quelconque du cylindre [1]; supposons aussi que le cylindre soit installé comme ceux des machines à vapeur, c'est-à-dire qu'il ait la faculté, de communiquer alternativement par le haut et par le bas avec le condenseur et la chaudière ; plaçons le piston au milieu de sa course, et introduisons de la vapeur en haut et en bas du cylindre de chaque côté de celui-ci : il est bien évident qu'il ne bougera point, puisque une force élastique tout-à-fait égale agit des deux bords. Mais si, comme nous en avons la faculté, on fait communiquer un des côtés du cylindre avec le condenseur, il est bien évident que, si le vide est entier et parfait, le piston obéira à la puis-

[1] Nous supposons aussi que le cylindre soit vide d'air et bouché par ses deux extrémités.

sance de la vapeur avec une force égale à celle de l'atmosphère, plus la force élastique que la vapeur peut posséder en sus de celle qui est relative à 100° de température [1]. Maintenant si, arrivé aux extrémités de sa course, au haut du cylindre, je suppose, on oblige le piston à redescendre, en changeant convenablement la position des soupapes d'introduction, c'est-à-dire en faisant communiquer le haut du cylindre avec la chaudière, le bas avec le conducteur, et si on répète ainsi plusieurs fois la même opération, on obtiendra un mouvement alternatif et rectiligne semblable à celui qu'on utilise dans les machines à vapeur.

C'est ainsi que, par une introduction et une soustraction combinée de vapeurs de chaque côté d'un piston, on obtient le mouvement des machines à vapeur. La mécanique enseigne tous les moyens de réduire ce même mouvement en tout autre relatif aux travaux industriels auxquels on veut l'appliquer. En marine, on l'adapte, au moyen d'une manivelle coudée,

____

[1] Nous faisons ici abstraction du frottement.

au mouvement de rotation nécessaire à donner aux roues à aubes, et on conçoit comment il est possible, par un mouvement à contre sens des soupapes d'introduction, d'opérer immédiatement le mouvement de rotation des roues en sens contraire; combien il est facile d'arrêter la machine, soit en décrochant l'appareil qui fait mouvoir les soupapes d'introduction, soit encore en fermant tout simplement le passage de la vapeur à la machine. De telles manœuvres s'apprennent en un instant, quand on est en présence d'une machine en fonction; pour le moment nous n'en ferons donc pas une plus ample description.

Les machines à vapeur sont susceptibles d'être mises en mouvement avec une vapeur de très-haute tension; il en existe plusieurs qui travaillent avec huit atmosphères de pression; mais alors on ne renvoie la vapeur du cylindre dans l'air ou au condenseur que quand on l'a détendue jusqu'à sa dernière limite possible.

On entend par détente ou force expansive de la vapeur la faculté que possède cette substance de s'étendre dans un espace plus grand que celui qu'elle occupe d'abord. Ainsi, par exemple, une vapeur de deux atmosphères, contenue d'abord dans un espace égal à 1, y exercera une puissance comme 2; et, dans un espace égal à 2, une puissance comme 1. Et encore, si, en employant de la vapeur à huit atmosphères, on ne l'introduit dans le cylindre moteur que jusqu'à un 8e de course, et qu'on la laisse dilater pendant les sept autres huitièmes, le piston arrivera à la fin de sa course avec une puissance égale encore à celle de l'atmosphère.

A chaque époque de la course du piston, la puissance avec laquelle il se meut se trouve évidemment réduite; mais les termes extrêmes de cette progression décroissante étant connus, on a la faculté d'approcher, par le calcul, de très-près de la force réelle que représente la machine quand elle opère avec détente. Toutefois, il est à remarquer que ce calcul devient plus complexe, si on a égard aux circonstances qui sont capables d'en faire varier les argumens. A cet effet, nous ferons mention particulièrement de la perte de calorique qui résulte de l'expansion ou détente de la vapeur dans des espaces plus grands (cette perte est variable à chaque époque de la course du piston), du refroidissement du cylindre et des tubes de conduit par suite du rayonnement.

Les livres spéciaux font mention de formules plus ou moins empiriques, qui indiquent les avantages et les limites d'effet utile à retirer de l'expansion de la vapeur d'eau, comme aussi de l'époque la plus favorable à laquelle il convient d'interrompre l'entrée de la vapeur dans le cylindre, pour telle ou telle pression; mais, comme nous venons de le voir, les argumens de ces calculs sont si variables, que nous croyons devoir encore en référer à l'expérience, guide plus positif et moins sujet à écarts. Nous indiquerons donc le moyen pratique suivant, pour reconnaître jusqu'à quel point il convient d'employer la force de détente de la vapeur d'eau, quelle que soit son espèce.

Pratiquez une petite soupape à main au-dessus du cylindre; la soupape à graisse peut être employée à cet objet, et tenez-vous prêt à

5.

l'ouvrir quand le piston sera rendu à fin de course.

Faites passer la vapeur en dessus du piston, et coupez son introduction à moitié course. Quand le piston sera rendu au bas du cylindre, ouvrez la soupape en question, et voyez si la vapeur accuse encore une tension quelconque en sortant avec bruit; si cela était, elle ne serait point assez détendue; dans ce cas, installez votre mécanisme de détente de manière à n'introduire la vapeur dans le cylindre que jusqu'au tiers de la course du piston, et faites ainsi détendre la vapeur pendant les deux autres tiers; si, le piston étant à la fin de sa course, la vapeur sort encore, mais sans bruit, par la même soupape, arrêtez votre expérience, et continuez d'employer la vapeur ainsi pour l'usage habituel, c'est l'époque véritable à laquelle il convient de la condenser.

Il peut se faire que vous soyez obligé d'arrêter l'introduction de la vapeur entre la moitié et le tiers; il peut se faire aussi qu'employant de la vapeur à haute pression, vous soyez dans la nécessité de la détendre davantage, et d'arrêter l'introduction au $\frac{1}{4}$, au $\frac{1}{5}$, au $\frac{1}{8}$, le tâtonnement vous l'indiquera toujours d'une manière certaine ; mais, dans tous les cas, renvoyer la vapeur au condenseur, quand elle possède encore une puissance, quelque minime qu'elle soit, au-dessus de celle de l'atmosphère, c'est jeter son argent à la mer, et c'est, du reste, ce qui arrive dans presque toutes les machines, même à basse pression, qu'on emploie en France.

CHAPITRE II.

CONDUITE DES MACHINES A VAPEUR.

AVANT d'être mises en activité les machines des bateaux à vapeur exigent quelques soins et travaux préliminaires dont il est indispensable de faire mention. Les cendriers doivent être propres, les grilles dégagées. On doit s'assurer qu'aucun corps étranger ne se trouve placé dans la direction du mouvement des balanciers, bièles, tiges de piston, etc.; passer la revue des soupapes de sûreté, voir si elles sont libres dans leur jeu; lubréfier les articulations. Les garnitures des pistons, des boîtes à étoupes doivent être en état; on doit connaître leur durée présumée; enfin on doit s'occuper de faire le plein des chaudières.

Cette opération consiste à introduire dans la

chaudière l'eau destinée à la production de la vapeur. A cet effet on se sert de la pompe à main, qui sert également à seconder ou remplacer la pompe alimentaire en cas de besoin; mais à bord de plusieurs bateaux à vapeur un tube à robinet, communiquant avec l'extérieur du navire et l'intérieur de la chaudière, remplit cet objet, sans nécessiter un travail ordinairement fatigant par sa longueur. Les bateaux à vapeur marins ont le niveau extérieur assez élevé pour satisfaire à celui qu'il est convenable d'établir dans la chaudière [1].

Il y a des ports où on trouve une grande facilité à se procurer de l'eau douce, on doit la mettre à profit pour en remplir les chaudières, car il en résulte des avantages notables. En effet s'il y a des sédimens dans la chaudière, ceux qui sont solubles se dissoudront, et l'époque à laquelle il est nécessaire de renouveler intégra-

[1] Après avoir ouvert le robinet en question il est nécessaire, bien entendu, pour que la chaudière puisse se remplir, d'établir une communication entre elle et l'air extérieur; la soupape de sûreté en fournit les moyens.

lement l'eau de la chaudière est retardée ; enfin si la machine est munie d'une pompe d'exhaussion, le moment de la faire agir sera également retardé [1].

Afin de pouvoir introduire l'eau douce dont nous parlons dans les chaudières, on ménage à ces capacités une ouverture destinée spécialement à cet objet. Il serait par trop incommode d'ouvrir le trou d'homme chaque fois que cette opération doit se répéter.

Nous avons eu déjà l'occasion de dire pourquoi on ne doit point s'étonner si, après avoir fait le niveau à la hauteur convenable, on s'aperçoit qu'il a monté d'une grande quantité quand l'appareil est chaud, et encore davantage quand la machine est en toute fonction.

[1] On sait que l'opération par laquelle on exhausse une portion de l'eau chaude des chaudières pour en enlever les sédimens donne lieu à une grande perte de calorique. Pour la rendre la plus minime possible on installe le tube d'exhaussion au milieu du tube alimentaire d'une manière concentrique ; alors une portion du calorique de l'eau exhaussée se communique à l'eau alimentaire, et retourne par conséquent à la chaudière.

On ne doit pas non plus trouver extraordinaire l'effet inverse, c'est-à-dire, le niveau étant bon quand la machine est en fonction, de le trouver très-bas quand elle est arrêtée, et encore plus bas quand l'appareil est entièrement froid. Ces effets s'expliquent très-facilement par suite de l'échauffement de l'eau jusqu'à 100° et plus, et par la dilatation qui lui correspond [1]. D'une autre part, l'ébullition de l'eau tant qu'il n'y a point de consommation de vapeur se trouve comprimée, peu tumultueuse et souvent nulle, en raison de la pression de la vapeur même sur le niveau du liquide. Mais aussitôt qu'elle a lieu par suite des fonctions de la machine et d'une consommation de vapeur nécessairement relative, des bulles

[1] On sait que la dilatation de l'eau en passant de $+4°$ à 100° est de $1/23$ de son volume primitif. Ici nous ne partons pas de $+4°$ de température, mais nous la poussons plus loin que 100. L'augmentation de niveau qui résulte de la dilatation de l'eau n'est point à craindre du tout, parce qu'elle est constante pendant tout le temps que fonctionne la machine; il n'en est pas ainsi de celle qui résulte de l'ébullition de l'eau.

partent de toutes les parois chauffées, enflent considérablement le volume du liquide, et le niveau monte d'une manière notable. Il baisse de nouveau quand, la consommation de vapeur cessant par suite de l'arrêt de la machine, une pression plus forte que celle qui est habituelle, s'établit sur le liquide.

Nous avons l'intention de nous appesantir sans craindre de nous répéter sur tous les cas qui peuvent amener quelques perturbations dans les machines à vapeur; nous redirons donc que les causes qni donnent lieu à des abaisse-mens variables de niveau, sont du genre de celles qui peuvent compromettre la sécurité des navires, et donner lieu à ces accidens terribles qui ont jeté une si grande défaveur sur les machines à vapeur.

L'augmentation de niveau, par suite de l'é-bullition de l'eau, est facile à éprouver : il suffit d'abaisser le niveau d'une chaudière jusqu'à ce qu'il ne coule plus d'eau par un des deux robinets-jauges. Dans cette circons-tance, ouvrez la soupape de sûreté ou mettez la machine en fonction, et on verra bientôt

l'eau remonter rapidement au-dessus du robinet en question. Au reste, il est visible
que ces dénivellations doivent être beaucoup
plus à craindre dans les chaudières à foyers
intérieurs, parce que les niveaux ordinaires
sont plus rapprochés des surfaces de chauffe,
celles qui constituent la voûte supérieure des
foyers, et parce que, en raison de leur forme
cylindrique, un léger changement dans le volume de l'eau peut occasionner une grande dépression.

Une alimentation abondante pendant que la
machine est en train peut encore donner lieu
à un abaissement notable de la part du niveau
de l'eau; enfin, nous nous sommes assurés
par des calculs et des épreuves qu'il serait
hors de propos ou trop long d'indiquer, et
qui d'ailleurs n'étaient applicables qu'aux chaudières cylindriques à foyers intérieurs que nous
observions, que sans un accident extraordinaire nous pouvions nous trouver dans une
position où une portion de la surface de
chauffe fût découverte.

Les chaudières presque cubiques, dites à

tombeau , n'offrent point d'aussi grandes variations dans les dépressions du liquide ; la
surface de section du niveau est constante dans
son étendue à toutes les hauteurs [1] ; elles ont
encore d'autres avantages que nous signalerons
plus loin.

. C'est une précaution très-utile d'habituer
les personnes adaptées au service des machines
à rendre compte, à des intervalles déterminés
et réglés , de l'état du niveau d'eau dans la
chaudière, ainsi que de la température et de la
pression qu'indiquent le thermomètre et le manomètre : c'est au capitaine à juger par l'ac-
cord de ces deux derniers instrumens si l'appareil évaporatoire est en état , et souvent il
doit s'assurer des choses par lui-même.

Quelquefois un des robinets-jauges est obs-

1 Il arrive quelquefois que les surfaces planes de
ces chaudières se bombent par l'effet de la pression
intérieure. Quelquefois aussi ces altérations de formes ont lieu par soubresauts dans les deux sens inverses. Mais les formes des chaudières en question
sont telles, que le changement qui peut en résulter
n'abaisse que légèrement le niveau de l'eau.

trué par les sels, et il arrive que le supérieur indique un bon niveau tandis que celui d'en dessous n'accuse point d'eau. Cet accident peut être aussi la suite d'un effet de tangage ou de roulis ; souvent aussi , quand la machine consomme plus de vapeur que la chaudière ne peut en produire, il y a absorption , c'est-à-dire, que la pression atmosphérique, qui n'est plus balancée par celle de la vapeur qui n'existe plus , ou en trop petite quantité, s'oppose à sa sortie et oblige l'air extérieur d'entrer dans la chaudière , bien que le niveau d'eau dans cet appareil soit supérieur à tous les robinets-jauges. Tous ces accidens n'étonnent que les chauffeurs inexpérimentés, mais il convient de les mettre au fait en leur en expliquant les causes.

Le niveau d'eau étant établi dans les chaudières à la hauteur convenable, on doit connaître l'heure à laquelle il convient d'allumer les fourneaux pour avoir de la vapeur au moment convenu de départ. La longueur de cette opération, il n'est pas besoin de le dire, dépend de la capacité des chaudières relative à la puissance des machines, de la qualité du combustible, de la bonne disposition des fourneaux et de la conduite du feu ; mais souvent le tirage ne veut pas commencer, et par suite le moment de l'ébullition se trouve considérablement retardé. Cet accident particulier mérite d'être pris en considération, en ce qu'il dérange toutes les prévisions relatives au moment du départ, et qu'il met dans le cas de ne pouvoir exécuter à point nommé les ordres donnés, quelque pressans qu'ils soient.

Dans ces cas-là, lorsqu'on allume le feu des fourneaux, la flamme, au lieu d'être aspirée par la cheminée, se trouve refoulée, ainsi que la fumée, dans l'intérieur des navires. Alors cette dernière remplit toute la capacité intérieure du bâtiment, au point de rendre la place des chauffeurs peu tenable ; et il en résulte aussi que l'eau des chaudières ne s'échauffe pas du tout, et qu'il devient impossible de produire de la vapeur.

Il est facile d'obvier à cet inconvénient, qui du reste ne se présente que rarement, par une installation toute simple qui consiste à pratiquer aux cheminées à hauteur d'homme un fourneau d'appel, c'est-à-dire une simple porte en tôle, par laquelle on puisse jeter au besoin quelques chiffons enflammés. L'air, dans cet endroit, ne tardera pas à se dilater et le courant ordinaire à s'établir.

Après avoir chauffé les chaudières pendant un espace de temps convenable, les échelles de pression finissent par marquer la tension habituelle sous laquelle la machine doit travailler. Alors il convient de disposer l'appareil de manière à ce qu'au premier signal, il puisse fonctionner. A cet effet, on chassera l'eau et l'air qui peuvent se trouver dans les différentes parties de la machine, au moyen d'une injection de vapeur et en ouvrant préalablement le robinet de vidange. Cette injection de vapeur dans l'intérieur de la machine est nécessaire et nuisible à la fois; elle est nécessaire en ce que l'eau ne s'échapperait pas, comme étant à l'abri de la pression de l'atmosphère, et que, comme telle, aucune puissance ne l'oblige à sortir : or l'injection de vapeur en question opère la pression indispensable à cette évacuation; mais elle est nuisible en ce qu'elle

6.

échauffe mal à propos le condenseur, et qu'il en résulte que celui-ci très-souvent, lors du départ, devient impropre tout-à-fait à concourir au mouvement de la machine ; aussi convient-il de modérer cette injection autant que possible.

Les machines à vapeur construites dans ces derniers temps sont munies de petits tubes à robinets destinés à mettre en communication avec l'atmosphère, toutes les parties des appareils qu'il est nécessaire de purger ; il devient donc très-facile de mettre la machine en état de partir, sans recourir au moyen que nous avons indiqué plus haut [1].

Cette opération terminée, on décroche l'excentrique, on embraye le levier à main, et avec son secours, on fait mouvoir les soupapes de distribution, de manière à faire osciller le

[1] Si la machine ne voulait pas partir par suite de l'échauffement du condenseur, il convient de le refroidir par tous les moyens possibles, avec le secours d'aspersions d'eau froide.

L'air que contiennent les appareils ne gêne pas autant qu'on le pense la mise en marche des machines.

piston de haut en bas, jusqu'à ce qu'il puisse fournir une ou plusieurs courses entières. Quand on s'est ainsi assuré du jeu de la machine, on ferme tous les robinets, ainsi que l'entrée de la vapeur au cylindre (soupape de mise en train) prêt à les employer de nouveau au premier signal.

On part ordinairement en faisant marcher la machine au moyen du levier à main, qui sert à faire mouvoir les soupapes de distribution; on se trouve ainsi tout disposé à faire mouvoir la machine à reculons, ou à l'arrêter en cas de besoin. Ensuite, quand on est dégagé de tous les obstacles qui embarrassent ordinairement les environs des points de départ, que la route paraît devoir être directe, on laisse tomber le levier de l'excentrique à sa place, et lui-même, mu par la machine, exécute alors les fonctions qui lui sont assignées pour continuer le mouvement. Enfin on accroche la valve de détente, si la machine a la bonne qualité d'être fabriquée pour agir avec expansion.

Pendant que la machine est en fonction, les mécaniciens préposés à leur service doivent avoir constamment l'œil sur toutes les parties du mécanisme qui sont en mouvement. Il est des pièces ou des écrous plus disposés que d'autres à se déranger ou à se desserrer; ces accidens dépendent souvent de l'espèce des machines : il convient donc de les veiller particulièrement.

Mais ils ne sauraient trop, après l'attention spéciale dont le niveau d'eau, dans la chaudière, doit être l'objet, veiller les fonctions des différentes pièces du parallélogramme. Cette pièce, par son importance, mérite une attention particulière, car son dérangement peut entraîner la destruction d'abord de la tige du piston, ensuite du piston ou des couvercles du cylindre, enfin de beaucoup de pièces qui ne pourraient manquer d'être faussées et mises hors de service, par suite de cette même fracture première de la tige du piston.

Souvent ils doivent poser les mains sur les balanciers, les bièles, suivre ainsi leur mouvement pour découvrir, au moyen du tact, les secousses qui pourraient se déclarer inopinément, mais, dans tous les cas accidentels de destruction, s'ils doivent s'attacher à réparer le mal le plus tôt possible, ils doivent aussi chercher avec opiniâtreté à remonter à la cause qui l'a produit.

De tous les travaux auxquels sont assujétis les chauffeurs et conducteurs de machines, le plus désagréable est celui qui consiste à vider les cendriers et à monter les escarbilles sur le pont. Cependant ils doivent tenir la main à ce que les environs des machines soient dégagés et propres [1]. Ils doivent également éviter de

[1] Il me semble qu'on pourrait très-facilement pourvoir à l'inconvénient qui résulte du transport des cendres sur le pont, en installant dans la cale, et à portée des chauffeurs, un tube cylindrique assez large, qui aurait une issue ouverte à son fond avec l'extérieur du navire. Il est évident que le niveau d'eau extérieur au bâtiment s'établirait dans ce tube à une hauteur égale. Ainsi donc, en l'élevant davantage, on serait sûr de ne point introduire de l'eau dans le navire, et on aurait la faculté d'y jeter les cendres et les escarbilles, qu'on repousserait même, s'il le fallait, au moyen d'une spatule, jusqu'à ce que ces dernières participant au courant inférieur seraient immédiatement enlevées. Les voyageurs savent combien il est désagréable, quand il fait du vent, de

laisser amonceler les cendres dans les cendriers, au point que celles-ci viennent à toucher les grilles, et intercepter ainsi l'air nécessaire à la combustion. La destruction des grilles par fusion ou par brûlure peut aussi en être une conséquence immédiate.

Dans un bateau à vapeur bien installé, les tringles de communication de la soupape de sûreté, les robinets-jauges, les jauges en verre, les manomètres et thermomètres doivent être sous les yeux et sous les mains des chauffeurs et mécaniciens; et, nous le répétons encore, s'ils s'apercevaient que le thermomètre et le manomètre ne s'accordent pas, si, par exemple, le premier instrument accuse une forte température, le second une basse pression, le danger est imminent; il est urgent d'y prévoir, non par une élévation de la soupape de sûreté, mais par l'extinction complète du feu.

Relativement aux dérangemens qui peuvent

rester sur le pont; les yeux souffrent considérablement par suite des cendres qui s'y introduisent. Cette modification est particulièrement applicable aux bateaux des rivières qui tirent très peu d'eau.

arriver accidentellement dans le mécanisme des machines à vapeur, les conducteurs et chauffeurs doivent toujours être disposés à sauter sur les soupapes de mise en train ou sur l'excentrique, afin d'arrêter la machine le plus tôt possible.

Mais non seulement ils doivent être prêts à s'emparer de l'excentrique pour le décrocher en cas qu'il s'agisse d'arrêter la machine instantanément, mais encore du levier à main des soupapes de distribution, afin de pouvoir faire mouvoir la machine à reculons, s'il était nécessaire.

Du reste, les mécaniciens et les chauffeurs font incessamment des rondes à partir du moment que la vapeur est formée et que la machine est mise en train; ils s'assurent si toutes les parties de la machine fonctionnent convenablement et sans secousse; ils secouent de temps à autre la tige des soupapes de sûreté, consultent le niveau d'eau, s'assurent que l'injection va bien, si elle est assez considérable selon que la machine va ou ne va pas avec détente [1].

[1] La détente ou l'expansion de la vapeur d'eau ne

La pompe alimentaire doit être aussi de leur part l'objet d'une attention toute particulière. Ils s'assurent de la régularité de ses fonctions par l'apposition de la main sur les tubes de conduits, et ils jugent par leur température, qui ne doit pas être brûlante, ni plus chaude que celle de la cuvette de trop plein, si cet appareil fonctionne convenablement.

Quand la pompe alimentaire et ses tubes de conduits sont brûlans, on peut attribuer ces accidens à deux causes différentes, qui toutes deux indiquent une perturbation à laquelle il importe de remédier sur-le-champ.

La première a lieu quand des détrimens de chanvre, de minium, ou de toute autre matière, viennent engager les clapets de la pompe

peut avoir lieu qu'aux dépens de son calorique latent, répandu dans un plus grand espace ; il y a donc refroidissement, et aussi perte de puissance élastique ; en outre, la quantité de vapeur employée diminue quand on agit avec expansion, celle du calorique devient également moindre. Il y a donc moins à condenser, et par conséquent possibilité d'une plus faible injection.

alimentaire, et les tenir suspendus ou fermés à contre temps. Alors il arrive souvent que, au lieu d'être alimentée, la chaudière se vide par la pompe alimentaire même, et cet effet devient d'autant plus capable de faire baisser promptement le niveau de la chaudière, qu'il est souvent secondé par une forte pression de la part de la vapeur.

Ces accidens ne sont point rares, mais ils sont particulièrement occasionnés par le produit de l'usure de l'étoupe des pistons, qui se rend ordinairement du cylindre aux boîtes de distribution, de celles-ci au condenseur, du condenseur à sa cuvette, enfin de cette dernière à la pompe alimentaire, qui y aspire l'eau qui sert à nourrir la chaudière. Ces détrimens ont encore l'inconvénient grave d'engager les boîtes à vapeur, quand les moyens de distribution s'obtiennent avec des valves qui se superposent, car alors ils se tassent sur leurs siéges et rendent très-imparfaite la fermeture des valves en question. Les soupapes à tiroir sont à l'abri de ces inconvéniens, en ce qu'elles tendent incessamment à couper les détrimens dont nous parlons, et à les réduire constamment à de plus faibles dimensions ; ils ne sauraient d'ailleurs s'introduire entre deux surfaces mobiles à frottement, et qui se touchent constamment avec une exactitude remarquable. Il convient donc, relativement à ce que nous avons dit plus haut, que l'appareil alimentaire soit d'un démontage facile et à portée d'être souvent visité.

Il peut arriver aussi que la pompe alimentaire et ses tubes de conduits s'échauffent par l'effet d'un autre accident que celui que nous avons signalé : quand le condenseur, par suite de très-fréquentes purgations, se trouve trop échauffé, et que l'injection n'est point favorisée par la puissance d'une pompe foulante, il arrive qu'elle est repoussée en dehors, que la condensation ne s'opère plus, enfin que la machine ne saurait fonctionner, si elle est à basse pression. A haute pression la machine peut aller, mais l'injection continuant à être refoulée, elle fonctionne mal, et l'alimentation qui s'opère ordinairement sur la cuvette ne peut avoir lieu. La pompe à air et la pompe alimentaire agissent alors sur de la vapeur d'eau, et c'est ce qui rend ces appareils brûlans. On a un moyen de s'assurer de l'existence réelle de cette perturbation, quand en examinant l'issue extérieure du tube de trop plein on s'aperçoit qu'il rend de la vapeur au lieu d'émettre de l'eau. Dans ce cas-là aussi il est brûlant comme le reste de l'appareil [1].

En pareille circonstance, il convient de rafraîchir les condenseurs par des aspersions d'eau froide abondantes; on laisse en même temps l'injection ouverte jusqu'à ce qu'elle s'établisse d'elle-même; enfin on ferme l'entrée de la vapeur, nuisible dans cette occasion, et on ne remet en marche que quand la machine, excepté le cylindre, est entièrement refroidie.

Mais, si on s'apercevait que ces accidens se répètent souvent malgré les précautions indiquées, il faudrait en chercher la cause autre

[1] Nous supposons que la cuvette de trop plein soit bouchée. Car, dans le cas contraire, on n'a pas besoin de recourir à l'examen du tube d'éjection pour s'assurer de cette perturbation.

part. Il arrive en effet quelquefois que la chaudière, bien qu'il n'y existe aucnn dérangement, que les conduits de flammes ne soient point obstrués par des cendres, des scories ou du charbon, que la cheminée soit en bon état ; il arrive, dis-je, que la chaudière ne fournit plus qu'avec peine la quantité de vapeur nécessaire à la consommation de la machine, que cette dernière ne fonctionne plus aussi bien qu'à l'ordinaire ; enfin que le navire, quoique les circonstances de temps, de vent et de mer soient avantageuses, n'atteint pas la vitesse habituelle. En pareille circonstance on peut rejeter de prime abord le mal sur le mauvais état ou la destruction complète des garnitures des pistons. En effet il en résulte qu'en laissant un passage libre à la vapeur en dessus et en dessous du piston, il s'établit un courant continuel de la chaudière au condenseur, une consommation par conséquent extraordinaire de vapeur à laquelle la chaudière ne peut plus suffire ; enfin il en résulte aussi l'échauffement exagéré du condenseur, par suite du refoulement de l'injection vers la prise d'eau.

Il importe donc de refaire les garnitures des pistons [1].

Des dérangemens peuvent encore être la suite d'objets flottans, d'algues, de varecs, ou de tout autre matière qui viennent obstruer l'ouverture du tube d'injection par l'extérieur. Du reste, ils sont rares et se corrigent d'eux-mêmes par les perturbations qu'ils occasionnent dans la machine. Ainsi, quand par suite d'un accident de cette espèce l'ouverture en question se trouve bouchée, l'injection est refoulée avec chaleur et pression, et le corps étranger finit par se détruire ou céder.

Telles sont, à peu près, les causes principales qui peuvent troubler les fonctions des machines à vapeur. Nous n'avons pas jusqu'à présent fait mention de celles qui peuvent être attribuées à l'usure des différentes pièces mobiles du mécanisme, parce qu'il paraît constant que cette dernière, dans une bonne machine,

---

[1] Les soupapes à graisse placées sur les couvercles des cylindres servent, à défaut de manomètre, de condenseur, à s'assurer si les garnitures des pistons laissent passer la vapeur à contre-temps.

n'attaque que très-peu les coussinets en cuivre, qui reçoivent l'impression des frottemens ; elle doit être (l'usure) à peu près égale et progressive sur tous les coussinets de la machine, si l'étendue des surfaces frottantes de ces coussinets a été bien proportionnée à la résistance et au travail qu'ils sont appelés à supporter.

Les poussières mordantes, dont quelques mécaniciens et chauffeurs se servent pour nettoyer et entretenir le poli de certaines pièces des machines, en tombant sur les articulations, sont très-propres à détruire promptement les coussinets ; on doit en proscrire l'usage très-sévèrement. On peut conserver le poli sans employer des matières aussi nuisibles, et cela par le simple frottement opéré avec des chiffons. Nous pensons que le polissage n'est point nécessaire, et qu'il convient mieux d'enduire une fois pour toutes, avec une peinture au minium, les pièces qui ne sont point susceptibles de supporter un frottement quelconque. Mais, ordinairement, on cherche à parader aux yeux du public, et ce luxe, inutile et nuisible à la fois, a de plus l'inconvénient d'être coûteux.

Il importe que chaque bâtiment à vapeur possède un jeu de coussinets de rechange ; ils sont faciles à changer, excepté toutefois ceux qui sont adaptés aux divers frottemens des tourillons de l'arbre de couche, qu'il s'agit de soulever en grand pour cette opération.

Cependant on peut changer ces dernières par un moyen assez simple, qui n'entraîne point avec lui la destruction des tambours et l'installation compliquée et longue d'un appareil supérieur de mouffles ou de palans.

Pour cela, il suffit de démonter quelques pales des roues, et de glisser par-dessous les tambours une poutrelle qu'on amarrera ensuite d'une manière solide par ses deux extrémités à chacun des deux supports du traversin des roues. Cette pièce, ainsi liée et suspendue, est dirigée, comme de raison, parallèlement au navire, et à une certaine distance au-dessous de l'arbre de couche. Il devient alors facile d'agir sur elle comme appui avec un ou plusieurs crics qu'on fixe d'autre part sur l'arbre de couche même. Ce dernier, ainsi, pourra se suspendre, et on aura la faculté de serrer ou changer les coussinets, et même la pièce de bois qui sert de traversin.

A part les cas d'explosion, les effets ordinaires qui entraînent la destruction des chaudières ne peuvent être que le résultat de l'oxidation par suite d'un long usage, car nous supposons qu'on ait prévu avec scrupule, dans la construction de la chaudière, tous les effets galvaniques qui peuvent résulter de l'adjonction du cuivre et du fer en contact avec l'eau. Nous supposons aussi que dans la conduite de la machine on ne soit pas tombé dans les circonstances qui peuvent entraîner la brûlure des chaudières. Ces circonstances, comme on sait, sont dues aux dépôts qui se forment dans l'intérieur des chaudières, et qu'on évite par des moyens de propreté souvent renouvelés, et par ceux de l'exhaussion dont nous avons parlé plus haut. On a vanté l'emploi des pommes de terre pour empêcher la masse des sédimens de se solidifier dans l'intérieur des chaudières, mais l'usage en est abandonné.

Il est bien évident que la durée des appareils évaporatoires est subordonnée au soin qu'on en a ; mais cependant on compte sur un service de cinq années pour les chaudières en fer, et de quinze à vingt pour celles de cuivre.

Il y a peu de raison, selon nous, à supposer que la grande température du métal des chaudières puisse donner lieu à un effet d'oxidation semblable, en diminutif, à celui auquel donne lieu la décomposition de l'eau par un métal rouge [1], et la circonstance qui s'y oppose est la pression intérieure de la vapeur, évidemment contraire, comme toute autre, à la génération des gaz. En effet, renfermez dans un tube, un canon de fusil, par exemple, une certaine quantité de carbonate calcaire, de manière à le remplir entièrement, scellez hermétiquement les deux extrémités du canon, et soumettez-le ainsi préparé à l'action d'une forte chaleur, le gaz

[1] Ce que nous disons ici s'applique également au cas d'explosion qui résulterait d'une grande masse de gaz hydrogène, qui se formerait dans l'intérieur des chaudières par suite de la décomposition de l'eau. Le métal, dans ce cas, d'ailleurs, absorberait l'oxigène, et le gaz hydrogène se trouverait évidemment hors des conditions voulues pour détonner.

acide carbonique ne pouvant s'échapper comme étant soumis à une pression qu'il ne peut vaincre, ne se formera pas, la masse de carbonate calcaire se liquéfiera ; enfin, après avoir laissé refroidir l'appareil, cette substance aura repris une forme plus homogène, plus dense, semblable à celle du marbre. Cependant ce même produit à l'air libre, soumis à l'action de la même température, produira et laissera échapper librement l'acide carbonique.

CHAPITRE III.

CHAUFFAGE.

Jusqu'a ce que l'avantage de la vapeur d'eau à haute pression ait été prouvé autrement que par les démonstrations empiriques dont sont grossis la plupart des livres qui traitent de cette matière, nous persisterons à douter des avantages que vante la théorie, et nous continuerons à penser que, quelle que soit la qualité de la vapeur d'eau, sa tension, utilisée jusqu'à sa dernière limite de puissance expansive, restituera toujours en force effective la quantité de combustible employée à la produire telle :

c'est-à-dire qu'il n'y aura point d'avantage à se servir d'une haute pression.

Ainsi donc nous supposerons que les chaudières sont de la forme dite à tombeau, forme d'ailleurs susceptible d'être rendue très-solide et résistante, au moyen des compartimens qui servent à établir les foyers, les courans de flammes ou surfaces de chauffe, des cloisons qui servent à détruire les ballottemens de l'eau dans les mouvemens du navire à la mer, enfin des tirans, dont les fonctions sont de lier deux surfaces de la chaudière entre elles pour s'opposer à leur enflure.

Ces chaudières qui conviennent si bien aux façons intérieures des navires sont, au reste, d'une commodité réelle ; les fourneaux et cendriers sont élevés, spacieux, et les chauffeurs pour les servir ne se courbent point d'une manière fatigante. Elles occupent beaucoup moins d'espace à bord des bâtimens que les chaudières cylindriques. La libre circulation autour d'elles permet de remédier aux fuites qui se déclarent inopinément, et, dans l'intérieur, favorise le nettoyage et l'enlèvement des sédimens. Ordinairement, la faculté qu'ont les constructeurs d'y établir, sans être gênés par l'espace, une surface de chauffe convenablement proportionnée à la puissance et à la consommation de la machine [1], fait qu'elles possèdent presque toutes les véritables dimensions pour produire la quantité de vapeur nécessaire, ainsi que les qualités voulues pour bien brûler le combustible.

C'est à de pareilles chaudières que nous supposons avoir affaire ; elles sont armées d'un monomètre, d'un thermomètre, d'un tube de verre qui sert à indiquer le niveau de l'eau, de deux robinets-jauges remplissant le même office, de deux soupapes de sûreté, d'une soupape, dite atmosphérique, destinée à introduire de l'air dans les chaudières quand le

---

[1] On sait que la quantité de vapeur à produire ne dépend nullement du volume de l'eau que contient l'appareil évaporatoire, mais bien de l'étendue de la surface de chauffe exposée à l'action du foyer, comme aussi de l'énergie du feu qu'il peut produire. La surface de chauffe est ordinairement de 1 mètre carré de surface par puissance de cheval.

vide s'y opère par suite du refroidissement ; quelquefois d'un flotteur qui sert à ouvrir ou fermer en temps convenable l'alimentation , enfin d'un trou d'homme.

La manière de chauffer une machine est or-dinairement celle-ci : sur toute la surface de la grille on étend le charbon enflammé de manière à la couvrir exactement; ensuite le chauffeur fait un petit tas de charbon frais à l'embouchure même du foyer afin qu'il puisse s'échauffer. Il ferme ensuite promptement les portes du four-neau. Au bout d'un temps convenable qu'in-dique du reste l'habitude du chauffage, il con-vient de renouveler le feu [1] ; pour cela , on ouvre les portes de nouveau, et on pousse sur la grille et sur le charbon enflammé , en l'éten-dant aussi uniformément que possible , le petit tas de charbon dont nous avons parlé tout à l'heure ; on le reforme de nouveau à l'embou-chure du gueulard avec du charbon frais , et on ferme promptement les portes.

[1] Quand le charbon (la houille), par suite dé sa combustion est réduit en cooke, le moment est favo-rable pour renouveler le feu.

De temps en temps aussi les chauffeurs passent les ringards au-dessous du combustible
enflammé, en soulèvent la masse, afin de donner au feu de l'activité lorsqu'il en manque, et
aussi pour empêcher l'agglomération des scories entre elles et sur les grilles. Mais ces opé-
rations, conduites avec dextérité, doivent durer
le moins possible, afin de ne pas donner long-
temps à l'air extérieur la faculté de s'introduire
dans les fourneaux, sans passer au travers du
charbon incandescent, et d'aller ainsi rafraîchir
à contre-temps les surfaces de chauffe. Les
clairs, ou ce qu'on appelle vulgairement les
trouées des grilles occasionnées par un manque
de combustible, produisent un effet également
désavantageux, et mieux vaudrait les boucher
avec une feuille de tôle qui n'aurait du moins
d'autre inconvénient que de diminuer la surface de la grille. Dans un feu bien conduit
l'épaisseur du combustible sur les grilles doit
être de cinq doigts et uniforme sur toute leur
superficie.

Il arrive souvent que les fourneaux ont trop
d'activité, et que la chaudière fournit une sur-

abondance de vapeur, enfin que la soupape de sûreté reste levée trop long-temps ou trop souvent. Alors l'économie veut qu'on ne renouvelle pas trop précipitamment le feu, et qu'on mette plus d'intervalle entre les époques de ce même renouvellement. Les chauffeurs ont, du reste, les moyens d'y prévoir momentanément, soit en fermant les cendriers, soit encore en ouvrant les portes des fourneaux en grand. On peut aussi fermer en partie le registre de la cheminée et diminuer ainsi le tirage du foyer [1].

Le charbon dont on fait ordinairement usage à bord des bâtimens à vapeur est de la houille ; il ne doit être ni trop fin ni trop gros. Trop fin, il est plus apte à produire des plateaux de scories qui soudent entre eux les barreaux des

[1] Il ne convient point de fermer entièrement les registres des cheminées, afin de laisser un passage au gaz hydrogène percarboné, qui se forme par la distillation de la houille, et qui s'accumule dans les conduits de flamme par l'effet d'une combustion lente et d'un tirage peu actif. On prétend qu'il en est résulté quelques cas d'explosion.

grilles, et dont on ne peut les dégager qu'avec un travail très-pénible; il offre encore le double inconvénient, ou de passer au travers des grilles et de tomber dans les cendriers, sans avoir produit d'effet utile par sa combustion, et, dans ce cas, il convient de rebrûler les cendres de nouveau en les rejetant sur le feu déjà tout installé des fourneaux, ou de former des masses tellement compactes qu'elles ne font que fumer sans laisser de passage ni à l'air échauffé, ni à la flamme, qui sont les causes les plus essentiellement nécessaires à la production de la vapeur.

La grosseur la plus avantageuse pour les morceaux de charbon est celle qui ne s'écarterait pas de beaucoup de la dimension d'une pomme ordinaire; un tel volume ne s'opposerait certainement pas à la formation des scories, si telle est la mauvaise qualité du charbon, mais les masses en seraient plus sphériques, et par suite plus faciles à être enlevées par le moyen des ringards. En outre, il offrirait cet avantage très-réel de donner des issues convenablement divisées à la flamme comme à l'air, dont l'échauffement doit être utilisé dans les conduits.

Enfin le charbon en trop gros morceaux brûle mal, fournit de trop grands intervalles au passage de la flamme et de l'air qui n'a plus le temps ni les conditions de contact nécessaires pour s'échauffer comme il faut contre ses fragmens incandescens. Enfin il favorise trop la chute du poussier de charbon dans les cendriers.

L'eau étant prise à la température moyenne de 12° centigrades, on a expérimenté que la quantité de 1^k de chacune des substances contenues dans le tableau suivant, pouvait produire en vapeur à 100° les quantités d'eau exprimées par les chiffres suivans [1] :

Cooke. . . . .   8,10 litres [2].
Houille.   7,41

[1] Ces expériences ont été faites avec des instrumens fabriqués pour obtenir les limites d'effets possibles ; il est donc inutile de chercher à les dépasser, quand il est presque certain qu'on ne saurait les atteindre.

[2] Le nitrate de potasse, s'il était plus commun et moins cher est une des substances combustibles qui

Charbon de bois... 5,29
Bois résineux.... 3,23
Bois non résineux. 2,29

La quantité de charbon de qualité moyenne que consomment ordinairement les machines à vapeur est de 4,5 kilogrammes par puissance de cheval. Cette quantité diminue beaucoup dans les machines de grandes dimensions et se réduit même à la moitié dans les bonnes machines où l'on utilise la puissance expansive de la vapeur d'eau. Connaissant la quantité de charbon que consomme une machine, il serait facile de déterminer par la table ci-dessus quelle est la quantité relative de bois qu'il serait nécessaire de brûler pour obtenir un effet équivalent.

Les qualités de la houille sont celles-ci : elle doit être sèche, afin de ne produire que peu ou point de vapeur par sa propre

développe le plus de chaleur, et qui pourrait être employée avec le plus de succès pour les machines à vapeur appliquées à la navigation.

combustion ; la vapeur d'eau, comme on sait, jouit de la propriété de s'emparer et d'emporter avec elle une grande somme de calorique perdu relativement à l'appareil évaporatoire principal. D'un brillant noir, les fragmens de houille doivent présenter des formes cubiques comme le charbon de Newcastle, lamellées et friables comme celui de Saint-Etienne ; elle doit s'agglomérer dans le feu, s'y tasser et ne produire que peu ou point de scories. Toute matière étrangère nuit à sa qualité, l'ardoise particulièrement s'y trouve par filons qui sont assez faciles à reconnaître. Mais souvent les mélanges nuisibles de pierres étrangères avec la houille et noircies par son contact, sont l'œuvre de l'infidelité des vendeurs.

Les propriétaires et les personnes préposées à la garde ou à la conduite des machines à vapeur ont le plus grand intérêt à empêcher les scories de s'agglomérer sur les grilles, car il en résulte ou un travail très-pénible ou la destruction d'une portion des barreaux qui les composent. Quand un plateau de scories se forme ainsi sur une grille, l'air est inter-

cepté dans cet endroit, il ne va plus contri-
buer à l'échauffement des surfaces de chauffe,
le combustible qui se trouve au-dessus et dans
le voisinage rayonne son calorique sur cette
scorie, celle-ci en communique l'excès à la
partie des barreaux de la grille sous-jacente;
l'air frais, le seul obstacle à leur fusion, ne cir-
culant plus dans cet endroit, ne saurait les rafraîchir; enfin les barreaux finissent par se fon-
dre, s'ils sont en fer coulé, ou par se brûler
ou se souder ensemble, s'ils sont fabriqués en
fer martelé. Il est, au reste, facile de reconnaître quand de pareils plateaux se forment, la
grille regardée par le cendrier paraît obscure
dans ces endroits, alors il convient d'y passer
immédiatement le ringard crochu, afin de
s'opposer à une destruction prochaine.

Quoique la forme de queue d'aronde qu'on
donne ordinairement aux barreaux de fer qui
composent les grilles des fourneaux soit très-
propre à favoriser la chute des escarbilles,
cependant le service des cendriers et des grilles
nécessite encore une attention soutenue de la
part des chauffeurs; malheureusement le tra-

vail par lequel on parvient à les dégager est fatigant, les chauffeurs se lassent, les escarbilles se tassent entre les bareaux, les plateaux de scories par-dessus, et souvent on ne s'aperçoit du mal que quand il n'y a plus de remède.

Avant de terminer ce que nous avions à dire sur le charbon, on nous permettra d'exprimer le regret qu'il n'existe point dans les ports de mer fréquentés par les bâtimens à vapeur, des appareils propres à faciliter l'embarquement de ce combustible. De tous les travaux particuliers auxquels sont assujétis les navires de ce genre, c'est le plus désagréable par sa longueur et la malpropreté qui en est la suite inévitable. Cependant ces inconvéniens sont du genre de ceux qu'il est facile d'éviter; il suffirait pour cela de consacrer dans les ports de mer un endroit spécialement destiné à servir de poste d'amarrage aux bateaux à vapeur. Cet endroit serait disposé comme ces cales avancées ou débarquadaires dont on fait usage dans l'Inde pour garantir les embarcations des brisans de la côte. Le charbon serait préparé d'avance et placé en dessus du pont avancé, et

le bateau à vapeur aurait la faculté de se disposer en dessous, de manière à faire communiquer les unes après les autres chacune des
soutes qu'on veut remplir avec un large tube
en grosse toile correspondant à une trémie.
Cette trémie serait à coulisse, de manière à
pouvoir s'ouvrir ou se fermer à volonté, et sa
grande ouverture serait sous-jacente au pont
avancé et correspondrait avec la masse de charbon supérieure. Enfin l'appareil serait disposé
de manière à ce que, en poussant la coulisse
convenablement, on pût produire ou arrêter
l'écoulement du combustible dans les soutes
des navires. On gagnerait ainsi du temps, et on
éviterait des peines et une malpropreté très-
désagréables.

Nous avons encore à dire un mot d'un accident particulier assez peu commun, mais qui
cependant vient de se renouveler à bord d'un
bâtiment à vapeur ; nous voulons parler des
foyers incandescens qui se déclarent inopinément dans les masses de houille qui composent l'approvisionnement des bateaux à vapeur ;
ces accidens sont semblables à celui qui arriva

en 1827 à l'établissement du gaz hydrogène carboné de la rue de *la Tour d'Auvergne*, dirigé par M. *Berard*, à celui de ce bâtiment de commerce, qui, chargé de houille pour la Martinique, eut la bonne précaution, dès que l'accident se déclara, de boucher hermétiquement toutes les issues de son pont supérieur : il parvint ainsi, sinon à étouffer le feu, du moins à en arrêter assez long-temps les progrès, pour permettre au navire d'arriver à sa destination, où il fut coulé.

La chimie enseigne qu'au moyen de pyrites martiaux et d'humidité, on peut obtenir des foyers semblables, et il n'est pas ridicule de supposer que, dans quelques circonstances, la houille puisse en contenir, et se trouver dans les conditions voulues pour donner lieu à de pareils accidens ; du reste, ils sont très-rares, et on s'en aperçoit assez de bonne heure pour pouvoir les découvrir et y porter remède.

CHAPITRE IV.

MANŒUVRE DES BATIMENS A VAPEUR.

———

LA manœuvre des bateaux à vapeur se réduit à peu de chose, si l'on ne considère que les mouvemens ordinaires du navire quand il est isolé. Il est si aisé de modérer à volonté la vitesse des roues au moyen des registres de vapeur, de les arrêter instantanément en soulevant ou décrochant l'excentrique, de les faire tourner à reculons avec le secours des leviers à main, qu'il devient très-possible d'être obéi à volonté et avec promptitude. Les effets d'une dérive douteuse ne sont point à craindre quand il s'agit de doubler un récif,

un cap, un navire, enfin un obstacle quelconque; et telle est la facilité de manœuvre
d'un bâtiment à vapeur, qu'il peut, sans
s'exposer, passer dans un espace d'une
largeur guère plus grande que la sienne
propre.

Mais la remorque des bâtimens à voiles ordinaires, au moyen de bateaux à vapeur,
donne lieu à plusieurs dispositions particulières
et à des manœuvres assez épineuses pour que
nous en fassions mention. On sait que c'est un
des principaux services auquel ce genre de
navire puisse être adapté avec succès, et que
ce n'est point en les employant comme porte-
faix qu'on les utilisera davantage.

Ordinairement, quand on part d'un mouillage, on s'aide des machines pour surmonter
l'impétuosité du vent et arriver à pic de
l'ancre qu'on veut détacher du fond; mais
cette opération donne lieu à des travaux de
force et de tâtonnement, souvent beaucoup plus longs qu'on ne s'y attendait d'a-
bord. Dans ces cas-là on ne saurait perdre
de vue l'objet principal d'où dépend la sécurité

du navire, nous entendons parler de la chaudière, dont le niveau n'est plus entretenu par la pompe alimentaire mue par la machine. Cette dernière ne travaille que très-peu ou pas du tout, et les soupapes de sûreté restent souvent ouvertes pendant long-temps; il en résulte une consommation de vapeur qui n'est point compensée par une alimentation qui n'a plus lieu, et par suite, la possibilité d'un événement sinistre. Il convient donc d'établir, comme règle du bord, que, lorsque les machines sont arrêtées, et que la soupape de sûreté se soulève, on doit alimenter la chaudière avec la pompe à main.

Plusieurs navigateurs, en présence de bateaux à vapeur, regrettent qu'ils ne soient point doués de la faculté de scier d'un côté et d'aller de l'avant de l'autre; ils pensent que ce serait un moyen puissant pour opérer plus rapidement les changemens de direction; mais l'avantage est-il bien aussi grand qu'ils le supposent? et les complications de mécanisme nécessaire pour une pareille installation s'accordent-elles avec les conditions de solidité indispensables au service de mer? Il faudrait que l'arbre de-couche, brisé en deux, porte un manchon d'embrayage tellement disposé qu'on pût facilement lier ou délier les deux parties qui le composeraient; en second lieu que chacune des deux machines détachée de l'autre soit fabriquée de manière à pouvoir continuer d'agir d'une manière tout-à-fait assurée, quand même le piston se trouverait à l'un des points morts de la course; de là nécessité de volans ou contre-poids [1]. Au reste, de telles dispositions mécaniques ont été essayées avec peu de succès aux Etats-Unis sur des navires dont le service était borné à celui des rivières, des hâvres et des lacs dont les eaux n'étaient pas susceptibles d'être fortement agitées.

[1] Aujourd'hui la plupart des bateaux à vapeur des rivières ne sont munis que d'une seule machine, sans contre-poids ni volans, mais elles sont de petites dimensions comme les navires.

Les mécaniciens ordinairement ont soin de ne pas arrêter leur machine aux points morts.

Il est à remarquer toutefois que comparés aux bâtimens ordinaires, les bateaux à vapeur jouissent, relativement à leur longueur, d'une très-faible largeur en bau, et il résulte de ces dimensions inhabituelles que la puissance d'une des roues agira presque parallèlement à la quille, et aura moins d'effet qu'on ne pense pour communiquer au navire un mouvement de rotation dans le sens horizontal[1].

Pour notre objet particulier nous ne supposerons point que les machines des bâtimens à vapeur soient douées de pareilles facultés, mais celles que possèdent la plupart d'entre elles et qui se réduisent à celles-ci, aller de l'avant avec toute la vitesse possible, la modérer insensiblement jusqu'à ce qu'elle se réduise à zéro, l'amortir sur-le-champ, enfin reproduire le mouvement de rotation des roues en sens contraire, soit brusquement, soit au bout d'un

[1] Il résulterait encore de l'arrêt d'une des roues ou de son mouvement à reculons, que la vitesse du bâtiment serait réduite, et en même temps l'action du gouvernail.

certain temps, sont suffisantes pour diriger avec certitude le navire quand il navigue isolément. Toutefois on doit faire attention que la promptitude des mouvemens d'embardée produits par le gouvernail dépend de la longueur indispensable des navires de cette espèce.

Nous recommandons aux navigateurs de s'assurer, avant leur départ, de la déviation de l'aiguille aimantée. Les masses de fer répandues en si grande quantité à bord des bateaux à vapeur et leur mouvement continuel rendent raison probablement des écarts notables de routes qui ont été observés récemment dans les traversées de haute mer exécutées par quelques uns d'entre eux, ainsi que des oscillations gênantes de la rose des compas. En effet, quoique les masses de fer dont nous parlons soient toujours placées symétriquement à bord des bateaux à vapeur, leur quantité et leur espèce (fer martelé ou tourné) doivent apporter une différence assez sensible dans l'énergie et la direction de la résultante des forces magnétiques du bord, lui donner un mouvement extraordinaire et cette même résultante ainsi modifiée doit, on ne l'ignore pas, se combiner comme composante avec celle du globe, pour donner lieu à une résultante finale tout-à-fait autre que celle à laquelle on devait s'attendre.

Nous croyons également avoir aperçu quelques perturbations toutes particulières dans la marche des chronomètres, et nous rappelons à l'attention des marins cette observation qui est du plus haut intérêt pour eux [1].

En sortant des rades, il convient d'être attentif à ne point passer au-dessus des bouées, et aussi à ce que celles-ci ne s'arrêtent point au-dessous des tambours dans la direction des roues; on doit pour cela prendre ses amères

[1] Les vibrations des appuis se communiquent aux balanciers des montres. Voyez à ce sujet ce que dit Berthoud à l'occasion de plusieurs montres placées sur une même plaque de métal. Leurs écarts se corrigent mutuellement par les vibrations seules de leurs balanciers communiqués à la plaque. La puissance magnétique dont nous avons parlé plus haut agit aussi probablement sur les balanciers, qui, comme on le sait, sont polarisés.

de loin, car les avaries qui peuvent en être la suite sont du premier genre; en effet, la bouée peut être enlevée par les roues en mouvement, et, celles-ci continuant à tourner, l'orin s'enveloppera sur sa circonférence, soulèvera l'ancre à laquelle elle est attachée, et si ce cordage ne casse pas, l'ancre arrivera jusqu'aux roues, brisera tous les rayons, et pourra occasionner d'autres avaries graves, soit au mécanisme intérieur, soit encore au bâtiment auquel appartient l'ancre dérapée. Au reste, la possibilité de gouverner le bateau à vapeur avec la plus grande facilité et de modérer ou arrêter sa vitesse instantanément, sans avoir égard au vent, rend les avaries de ce genre tout-à-fait impardonnables.

Pendant les beaux temps, les calmes, les jolies brises et vents frais, il importe de faire route directement sur le but proposé, à moins d'obstacle intermédiaire. Vent arrière, il arrive souvent que les voiles seraient masquées par suite de la trop grande vitesse du navire; il convient de les plier, et même de brasser les vergues en pointe, comme lorsqu'il fait calme, ou que la brise est debout. Les vents et la mer du travers, il convient d'employer les voiles latines. Elles appuient le navire et facilitent le mouvement des roues et le jeu de la machine. Les bâtimens qui n'ont point assez de puissance dans leurs machines pour se tenir exactement dans le lit du vent emploient souvent des voiles latines de derrière pour s'en rapprocher le plus possible, et ce cas, qui serait celui d'un gros temps, est souvent employé avec succès pour le louvoyage par une grosse mer.

Les mauvais temps et même les tempêtes interrompent bien rarement le service des bateaux à vapeur, qui font la navigation du nord de l'Angleterre, du canal de Bristol, de la Baltique, de la Manche, etc. Mais leurs formes de l'avant évasées en tulipe à partir de la flottaison, sont évidemment très-propres à surmonter les grosses vagues, et par suite du prolongement très-élancé de l'étrave de ces navires, une portion de leur proue se trouve déjà au-dessus de la lame quand elle vient à frapper le corps du bâtiment.

Cette faculté de pouvoir remonter contre le

vent et la mer est une bien grande cause de sécurité pour les bateaux à vapeur; les accidens sinistres, suites de temps forcés, sont rares; mais, il faut bien le dire, les bateaux à vapeur qui sillonnent les parages que nous venons de citer, assurés d'une courte traversée, ne prennent que peu de combustible; on ne les surcharge jamais au-delà des limites raisonnables, parce que les propriétaires et ceux qui les dirigent savent très-bien qu'un excès de ce genre détruit entièrement les bonnes qualités du navire et des machines, nuit considérablement à la marche, et fatigue les mécaniques, assujéties à vaincre un surcroît de résistance pour lequel elles ne sont point fabriquées; ces dernières s'usent beaucoup plus promptement; souvent elles se démontent.

C'est une bonne qualité, sans contredit, pour un bateau à vapeur, de pouvoir, dans un gros temps, se tenir dans le lit du vent et de la mer même sans vitesse aucune, et cette manière de capeyer les rend propres au service de la haute mer. Il convient rarement de laisser arriver dans les tourmentes de vents, on se mettrait dans le cas d'être mangé par la mer, quand le bâtiment viendrait en travers, ou d'embarquer étant vent arrière de ces volutes d'eau qu'on ne reçoit jamais impunément, même à bord des bâtimens voiliers ordinaires.

Les jeunes navigateurs, habitués à saisir avec rapidité des effets qui ne laissent pas que d'être spécieux, s'imaginent qu'un navire qui file dix nœuds sous l'allure du vent arrière, ne saurait être choqué violemment de l'arrière par les vagues, parce que, bien qu'animées d'une vitesse supérieure à celle du bâtiment, elles sont semblablement dirigées et courent comme lui; mais il n'en est pas toujours ainsi, car avec les vitesses dont nous parlons et des circonstances de mer et de vent semblables, les navires peuvent être réellement considérés comme contenant une grande quantité de forces vives; alors ils font volant, et comme tels, deviennent impropres à obéir avec facilité à toute autre force accidentelle, à l'arrivée brusque d'une grosse lame, par exemple. Comme nous l'avons déjà dit, souvent des masses d'eau énormes surgissent inopinément de l'arrière qui reçoit la première impulsion, jettent le navire, malgré son gouvernail, en travers d'un côté ou de l'autre de sa route, et celui-ci, dans cette embardée, conservant encore une grande portion de la vitesse acquise précédemment, se trouve agir presque contrairement à la vague suivante, laquelle se dirige ou sur le travers, ou quelquefois même sur une des joues de l'avant. Si le bâtiment conserve le vent arrière, souvent elle n'en embarque pas moins, surtout à bord des petits navires très-étroits de l'arrière, et qui, par le peu d'élévation de leur mâture et de leur voilure du reste proportionnée au cas de tempête dont nous parlons, sont susceptibles de tomber en calme entre deux vagues. Les résultats de ces accidens sont des portions d'accastillages et du navire même enfoncées ou enlevées, ou l'embarquement à bord d'une grande masse d'eau dont le choc et le volume peuvent compromettre la sûreté de ces mêmes navires ordinairement très-coffrés. Dans certaine marine [1], des

1 En Hollande.

ordonnances réglementaires veulent qu'on tien-
ne la cape, autant que la chose est possible,
c'est-à-dire autant que les qualités des navires
permettent de s'adapter à cette allure, et ces
ordonnances sont motivées sur des faits aussi
positifs qu'ils peuvent l'être, quand ils s'appuient sur des événemens dont les résultats
sont presque toujours sinistres.

Il est bien vrai que beaucoup de navires à
voiles ordinaires n'ont pas la qualité de pouvoir, dans les grands mauvais temps, se bien
tenir à la cape, c'est-à-dire dans une position
la plus rapprochée possible du lit du vent. La
grosseur des vagues et l'impossibilité de pouvoir
présenter une voile au vent en sont souvent
la cause immédiate, et quelques bâtimens,
après de grandes embardées, reçoivent souvent
le vent et la mer par la hanche de derrière,
perdent leur inertie, et acquièrent une vitesse
qui devient nuisible quand le navire se rapproche de nouveau du lit du vent : en effet,
si cette vitesse qui ne s'amortit pas instantanément, s'accorde avec l'arrivée d'une vague,

les conditions sont encore tout-à-fait convenables pour qu'elle embarque à bord.

Dans de pareilles circonstances de mauvais temps, les bateaux à vapeur ont un grand avantage sur les navires à voiles. Leur avant plus élancé que celui des gourables de la côte de Coromandel, est en outre évasé, nous l'avons déjà dit, en tulipe. La puissance motrice est appliquée en avant du centre de gravité et de figure, et toutes ces conditions sont éminemment favorables, soit à la marche progressive du navire contre une grosse mer, soit à l'action du gouvernail pour se maintenir dans telle ou telle direction nécessitée par les circonstances.

Les vagues, dans leur grosseur, ne sont point illimitées, comme le prétend l'exagération de quelques navigateurs; elles ne s'approchent point du tout de la hauteur des montagnes, et s'il est très-vrai qu'elles peuvent devenir fatigantes et même dangereuses, chacun de nous a pu remarquer que celles-là ne sont pas toujours les plus redoutables qui sont les plus remarquables par leur volume. Un vent violent qui mollit instantanément, ou dont la force n'est point en harmonie avec la grosseur des vagues, la succession rapide de ces dernières, le concours ou choc de celles qui ont été soulevées par des coups de vents opposés et qui forment différens angles dans leur direction, le calme instantané après une tempête, un excès ou un défaut de voilure, une mauvaise application de cette dernière, relativement aux qualités du navire, enfin l'inexpérience ou l'inhabileté du timonier sont les causes les plus ordinaires des accidens dont nous avons expliqué plus haut les effets.

Sous l'allure du vent arrière, par les temps ordinaires, les machines des bateaux à vapeur fatiguent beaucoup plus que sous toute autre. Les pales ou les rayons se brisent souvent par suite des chocs violens qu'ils éprouvent, et ces chocs s'expliquent par la direction du mouvement de la vague, entièrement opposé à celui des aubes des roues. Quand les bateaux à vapeur courent vent devant, la direction de la lame s'accorde avec le mouvement des roues; les aubes fuient au lieu d'en recevoir des chocs, et mettant à part les secousses qui résultent de l'immersion et de l'émersion alternatives des roues, par suite du roulis et du tangage, on peut considérer les effets comme équivalens, pour cette même allure du vent devant, à la différence de vitesse des aubes et de la vague, tandis que, pour l'allure du vent arrière, ils sont égaux à leur somme. La destruction des pales ou des rayons des roues et de quelques parties de la machine sont des événemens ordinaires auxquels on doit s'attendre dans le premier cas, et le moyen d'y prévoir, si on ne compte pas toutefois sur la solidité de la machine, est de diminuer la pression en sacrifiant une partie de la vitesse du navire. Enfin les mêmes précautions sont à prendre quand par suite d'un événement quelconque, d'un combat, par exemple, une ou plusieurs pales se trouvent détruites. On conçoit comment la suppression de ces pales peut donner lieu à une vitesse exagérée de la part des roues à certaines époques de leur révolution, et, par conséquent, à des chocs violens qu'il convient d'éviter.

On doit observer aussi que, sous l'allure du

vent arrière, les bateaux à vapeur, aidés par le vent, jouissent d'une vitesse nécessairement plus grande que dans toute autre circonstance; les roues développent un plus grand nombre de tours, et la consommation de vapeur devient également plus grande : il est donc utile et indispensable même d'alimenter davantage la chaudière [1].

Les Anglais ne veulent point entendre parler du démontage des pales à la mer; ils n'emploient jamais les voiles sans le concours des machines, mais nous pensons que cette nouvelle manière de naviguer n'aura atteint toute sa perfection que quand on pourra employer avec facilité les deux puissances disponibles de la vapeur et des voiles, soit isolément, soit simultanément.

Les mêmes précautions sont à prendre quand on revient au mouillage comme lorsqu'on le

---

[1] Vent arrière. Si la machine consomme plus de vapeur que la chaudière n'en peut fournir, on la ménage en fermant convenablement les registres de vapeur. Vent devant, par un temps un peu gros, il peut convenir de les ouvrir entièrement, la chaudière, dans ce cas, fournissant en excès.

quitte ; les facilités pour éviter les obstacles , les bâtimens et les bouées sont les mêmes. Et on doit connaître par habitude à quelle époque et à quelle distance du mouillage il convient de ne plus renouveler le feu.

Toutefois, il est nécessaire d'arriver au mouillage avec une bonne pression, car il reste encore une opération très-utile à faire ; elle a pour but le nettoiement de la chaudière.

Cette opération consiste à ouvrir à l'extérieur du navire le tube de vidange qui prend l'eau de la chaudière à la partie la plus basse de son fond ; alors la pression de la vapeur, agissant sur le liquide, le refoule en dehors avec les sédimens qu'il contient. On peut compter sur un bon nettoyage quand cette opération est favorisée par un peu de roulis et de tangage. Pendant l'été, il est avantageux de pouvoir se débarrasser, avec cette facilité, d'une masse de calorique ordinairement incommode.

Mais il importe, avant d'ouvrir le tube de vidange en question [1], que le feu soit entière-

[1] Ce tube est le même qui sert à faire le plein des chaudières.

ment éteint, pour ne point tomber dans un des cas d'explosions dont nous avons fait mention dans cet ouvrage. Nous recommandons même d'attendre que les grilles soient entièrement dérougies ou réduites à une chaleur dont on ne puisse rien craindre.

Quand, faute de pression, l'eau ne coule plus, ce dont on s'aperçoit facilement par la température du tube de vidange, il convient de le fermer, si le service n'exige pas de refaire le plein des chaudières.

On doit en même temps s'assurer que la soupape atmosphérique fonctionne, et même la laisser dans une position ouverte, afin que l'air puisse rentrer dans la chaudière à mesure qu'elle se refroidira, que la vapeur se condensera, et que, par suite, le vide se formera dans la chaudière. On évitera ainsi le renversement du mercure, des échelles de pression, et par conséquent, les graves accidens qui peuvent résulter de son amalgame, si les chaudières sont en cuivre. Nous avons eu déjà l'occasion d'en parler.

Le nettoyage général de la machine ne saurait avoir lieu dans un moment plus opportun que lorsqu'elle est encore chaude ; on doit le saisir avec avidité ; mais cette opération est une de celles que les mécaniciens et les chauffeurs négligent le moins.

Nous recommandons encore de ne point employer à cette opération les poudres corrodantes ni les papiers préparés dont on se sert pour polir le fer.

Il est, je pense, presque inutile de rappeler aux navigateurs que, dans les mauvais temps, les bateaux à vapeur mouillés dans des endroits dangereux et qui ne permettent point de chasser, ont la faculté d'utiliser leurs machines, afin de soulager les câbles ; il convient seulement de faire attention à ne pas courir dessus, afin d'éviter des embardées qui peuvent devenir funestes. Il est évident que, si on n'emploie pas ce dernier procédé, les bateaux à vapeur avec leurs machines arrêtées et leurs roues déployées, un vent violent et une grosse mer, se trouvent dans une position plus défavorable que les bâtimens ordinaires, et cela en raison des effets très-nuisibles qui résultent du choc des vagues contre les pales des roues à aubes. Il faut donc ou les rendre libres d'obéir à ces chocs en repoussant les clavettes qui lient le grand T aux manivelles coudées, ou enlever les pales; mais le procédé indiqué plus haut est évidemment le plus favorable, et nous-mêmes nous avons eu lieu de nous en louer en plusieurs circonstances critiques.

En France, la navigation militaire par la vapeur peut être considérée comme tout-à-fait dans son origine. L'Angleterre même, jusqu'à la dernière décision de son parlement, paraissait peu s'en occuper, confiante qu'elle était dans le concours de son commerce en cas de guerre [1]. Ainsi, on ne saurait donner sur la manœuvre de ces navires, dans les combats, que des idées particulières et point de faits positifs.

---

[1] Cette ressource nous manque entièrement, puisque nous ne possédons que des bateaux à vapeur de rivières, qui ne sauraient ni s'appliquer avec succès à la navigation en haute mer, ni comporter une artillerie quelconque.

Nous avons déjà eu occasion d'exposer plusieurs fois notre opinion particulière relativement à l'application des bateaux à vapeur à la
marine militaire : nous avons fait voir qu'il
était presque superflu de s'attacher à préserver
les roues à aubes du choc des boulets, et que
cette partie du mécanisme, qui attire l'attention des marins et leurs méditations, relativement
à son perfectionnement, est celle qui est la plus
apte à supporter de grandes avaries. Mais il
est tout-à-fait essentiel de mettre les machines
et les chaudières à l'abri du canon, et la chose
est loin de nous paraître impossible.

Mais, dira-t-on, nos derniers insuccès, en
matière de bateaux à vapeur militaires, doivent
rendre le département de la marine très-méti-
culeux sur l'article innovation ; j'en conviens,
car, témoin des dépenses énormes dont les résultats restent encore douteux, nous pensons
aussi que les changemens d'installation dont
nous parlons, susceptibles de rendre les bateaux à vapeur propres au combat, quelle que
soit d'ailleurs toute la simplicité des moyens
proposés pour y parvenir, doivent être le ré-

sultat du concours de la théorie et de l'expé—
rience officiellement consultés.

Ces changemens sont au nombre de deux :
d'abord il s'agirait de donner aux chaudières
des bateaux à vapeur une plus grande dimen—
sion en longueur aux dépens de leur largeur,
afin d'obtenir la place nécessaire pour l'établis—
sement des greniers à charbons en abord ; se—
condement, de rapprocher presque à se tou—
cher entre elles les deux machines conjuguées,
et cela dans le même but.

Supposant que de la première de ces dispo—
sitions, relatives aux chaudières, il n'en doive
résulter aucune diminution dans le volume de
l'eau nécessaire à produire de la vapeur, dans
la surface de chauffe, enfin, dans la capacité
entière de l'appareil évaporatoire, on y gagne—
rait évidemment deux avantages réels : 1° la
suppression de ces grands ballottages d'eau
qui ajoutent, comme on sait, aux effets du
roulis [1], et qui offrent encore l'inconvénient

[1] Les effets de ballottage capables d'augmenter les
tangages en raison de la plus grande dimension en
longueur de la chaudière, s'éviteraient facilement

grave de laisser quelquefois une portion de surface de chauffe découverte; 2° par suite de l'installation des fourneaux à chaque extrémité de la chaudière, c'est-à-dire, de l'avant et de l'arrière, on obtiendrait la faculté de pouvoir consommer plus uniformément le combustible qui compose le chargement du navire, et on éviterait ainsi ces grandes différences de tirant d'eau qui rendent les qualités de ces bâtimens si variables.

Quant au rapprochement des machines entre elles, loin de présenter des difficultés, nous y voyons des avantages, parmi lesquels nous nous contenterons de citer la possibilité d'établir les deux cylindres sur une même base ou sur un socle commun. Le rapprochement des deux manivelles coudées est d'une exécution qui promet aussi quelque simplicité.

Ainsi donc, puisque ces greniers en abord sont destinés à servir de cuirasse aux machines comme aux chaudières, il conviendrait avant le combat, de les remplir entièrement aux dépens

par des cloisons intérieures plus multipliées que d'habitude.

du charbon des autres greniers du bord. Nous supposons que dans le cours de la navigation on n'ait pas eu la précaution de le consommer le dernier, ou qu'il s'y trouve quelque vide par hasard.

Cette précaution serait la première à prendre dans le cas d'un combat prochain, ensuite on disposerait aussi à côté de chaque embouchure de fourneaux, et à portée des chauffeurs, des tas de combustibles assez volumineux pour être dispensé, pendant quelque temps, de recourir aux greniers et aux transports ordinaires qui emploient beaucoup de monde. On établira de bons niveaux dans les chaudières; on passera la ronde de toutes les articulations; on les lubréfiera par avance, et particulièrement les coussinets de l'arbre de couche, qui pourraient nécessiter de faire passer des hommes en dehors du bord; enfin on se présentera au combat avec les cendriers propres et les grilles dégagées.

Si le bâtiment adversaire est un bateau à vapeur, un avantage de marche peut donner l'espoir et presque la certitude du succès. On peut, dans ce dernier cas, user de la tactique qu'employèrent les Américains dans la dernière, guerre, mesurer la longueur des portées de canons en se maintenant à bonne distance, et ne s'approcher de l'ennemi qu'après s'être aperçu qu'il a essuyé quelques graves avaries; alors on pourra combattre avec succès. Si on veut combattre d'une manière plus française, on peut l'aborder immédiatement, et quand on le voudra, nettoyer d'abord son pont au moyen d'une aspersion d'eau chaude prise de la chaudière ¹, sauter à bord, et les premiers postes dont il faudra s'emparer, comme de raison, sont celui du timonier, et ensuite celui des mécaniciens et chauffeurs.

La meilleure manière d'aborder un bâtiment à vapeur est de planter votre beaupré dans ses tambours, et de paralyser ainsi les mouvemens des machines, et, par conséquent, le

¹ La pression ordinaire de la vapeur dans les chaudières des machines à vapeur à basse pression peut suffire à cet effet. L'installation d'un tube et d'une lance propre à ce service est d'une exécution facile, qui du reste a déjà été employée aux États-Unis.

navire ennemi lui-même. Cette position n'ôte point la faculté de pouvoir se retirer au besoin par un mouvement de recul de la part des roues à aubes.

Si on peut saisir l'occasion de passer à toucher, et bord à bord de l'ennemi, on peut jeter à propos des barres de fer dans les roues et ainsi les embarrer ou les briser. Des hunes ou des barres on lancera sur les panneaux supérieurs aux machines des boulets enchaînés, des grenades, des gueuses, et toute espèce de fer quelconque capable de détruire ou fausser par sa chute les petites pièces du mécanisme.

Mais les avantages de marche ne doivent point s'obtenir par une augmentation de tension de la part de la vapeur, ni par conséquent par une surcharge de la soupape de sûreté; car, outre que l'on se mettrait dans le cas de déchirer la chaudière, il est encore probable, si ses dimensions sont convenables, qu'elle ne saurait fournir long-temps de la vapeur de cette espèce. Elle ne tarderait pas à s'épuiser, et le bénéfice de marche obtenu d'abord, qui n'est que dans le rapport des racines cubiques, ou ne serait point durable, ou se trouverait compensé avec désavantage par une inertie presque complète qui le suivrait peu après. Ouvrir les registres de vapeur le plus possible est encore un moyen éventuel sur lequel on ne doit pas compter, à moins que la machine n'aille lentement, par suite du défaut de vitesse du navire, lequel peut être le résultat d'un vent violent contraire ou d'une grosse mer.

La rencontre d'un bâtiment de guerre à voiles ne saurait être l'objet d'aucune crainte sérieuse de la part d'un bâtiment à vapeur, s'il jouit toutefois des qualités communes qu'on est parvenu, en Angleterre et aux Etats-Unis, à donner à ces sortes de navires. S'il est armé de canons à la Paixhans, il peut devenir redoutable aux vaisseaux les plus forts.

Les marins savent très-bien quels sont les avantages qu'on peut retirer d'un bâtiment qui, dans presque toutes les circonstances de la navigation, a la faculté de se transporter au vent, sous le vent, et d'un lieu à un autre, malgré le vent et le calme, c'est-à-dire de faire, en moins de temps, ce que les autres bâtimens à

voiles ne sauraient opérer qu'avec plus ou moins
de difficulté, de succès, et ce que, dans beaucoup de circonstances, il ne saurait faire du
tout ; mais ces manœuvres rentrent dans le do-
maine de la science habituelle de l'homme de
mer, et par conséquent, sont étrangères à l'objet
particulier de cet ouvrage.

Nous ne parlerons pas de l'usage qu'on
pourrait tirer des bateaux à vapeur à la suite
des escadres, quand elles seront en calme
devant l'ennemi. On sait déjà combien il sera
facile de rapprocher les masses pour déterminer des chocs partiels, et même généraux, de
les écarter de la scène du combat pour cause
d'avaries à réparer, d'aider les traînards, de
porter le désordre dans un convoi, de harceler
des côtes, enfin de porter le feu dans les rades
et même jusqu'au fond des ports, sans avoir
égard aux vents et aux calmes régnans. Relativement aux avaries, c'est particulièrement dans
les circonstances de combats, et à bord des bateaux à vapeur, que les ressources du génie et de
la pratique pourront éclater à chaque instant ;
car, bien que les machines à vapeur présentent

beaucoup de pièces diverses dont la présence et l'exactitude mathématique sont indispensables à l'ensemble du mouvement, que les plus faibles de dimension, les moins apparentes, soient souvent les plus importantes, qu'aucune avarie ne puisse être minime, plusieurs sont susceptibles d'être réparées avec les seules ressources du bord ; d'autres, dans leurs fonctions, peuvent être remplacées par des équivalens ou recevoir des modifications telles que leur service puisse encore en être prolongé pendant quelque temps.

Enfin nous rappellerons qu'on possède la faculté de pouvoir déconjuguer les machines, et manœuvrer avec une seule dans le cas où l'autre serait entièrement démontée, ou pendant le temps qu'elle serait en réparation, et que cette suppression n'occasionnerait qu'une perte de vitesse égale seulement à la racine cubique de la vitesse primitive obtenue avec les deux machines. On parviendra à faire dépasser les points morts du piston en plaçant du monde dans les tambours, pour agir en moment convenable sur les roues ; et, au bout de trois ou

quatre tours de ces mêmes roues, il est probable que le navire aura acquis assez de vitesse
pour aider à la continuation de leur mouvement.

CHAPITRE IV.

DU REMORQUAGE.

L'OPÉRATION du remorquage s'exécute de plusieurs manières différentes. On peut attacher les bâtimens l'un à l'autre et bout à bout au moyen de fortes amarres ; on peut les fixer côte à côte en maintenant leur écart avec des arcs-boutans en bois. La seconde de ces méthodes n'est pas employée quand la mer est un peu grosse.

Il y a des dispositions préliminaires et communes à ces deux genres de remorquage. Ainsi quand le temps est calme ou que le vent est contraire, il convient de diminuer, autant que les circonstances le permettent, la résistance que la mâture et les vergues peuvent éprouver de la part de l'air ou du vent, en calant les uns et brassant en pointe les autres. Si le vent est favorable, il est utile de faire de la voile, tout autant, cependant, que l'inclinaison du bâtiment remorqué ne pourra, dans la remorque bord à bord, gêner le bâtiment à vapeur ou nuire à la position des arcs-boutans qui maintiennent l'écart des deux navires. Il est à observer aussi que le vent peut ne pas être assez fort pour maintenir les voiles enflées, eu égard à la vitesse du système. Alors on doit les serrer et brasser les vergues en pointe, comme nous l'avons indiqué plus haut.

Pour la remorque bout à bout, il convient d'avoir deux amarres de chaque côté du bateau à vapeur; elles vont ensuite s'attacher à la bitte du bâtiment remorqué, de telle sorte qu'à ce bord on ne puisse se méprendre quand il s'agira de filer l'une ou l'autre au besoin; elles doivent toujours être prêtes à cela.

Tant que la route est directe, les deux

amarres doivent être également tendues; et le remorqué doit gouverner dans les eaux du remorqueur. S'il s'agit de contourner un obstacle quelconque, et que l'espace ne manque pas, le remorqueur évolue, au moyen de son gouvernail, et le remorqué continue à gouverner dans ses eaux. Si l'évolution demande à être plus prompte, l'amarre opposée au côté sur lequel on veut abattre doit être filée; enfin si des circonstances locales ou inattendues nécessitaient un détour encore plus rapide, il faudrait que les deux navires meuvent immédiatement leur barre dans un sens tout-à-fait contraire, en filant les amarres comme nous l'avons indiqué précédemment. Ainsi, par exemple, un obstacle nécessite de faire immédiatement, sur babord, un angle droit avec la route première, on file l'amarre de tribord, et on met la barre du remorqueur à tribord; ce dernier viendra immédiatement sur babord; le remorqué, au contraire, mettra la barre à babord et viendra pendant un instant sur tribord; peu de temps après, il se trouvera dans la perpendiculaire du remorqueur, dont lui-même a facilité l'abattée. Arrivé dans cette position, il change promptement sa barre pour se diriger dans les eaux du remorqueur qui, comme nous venons de le dire, se trouve alors droit dans la perpendiculaire, c'est-à-dire dans la position la plus convenable pour faire abattre le remorqué. L'amarre filée préalablement doit se roidir dans ce moment, ce qui est facile à obtenir, non en l'embraquant entièrement, travail qui serait long et incertain, mais en filant de l'autre à propos. Au reste, comme la manœuvre du remorqué facilite autant qu'il est nécesaire la promptitude de l'évolution, on peut, en la commençant, se dispenser de filer l'amarre dont nous avons parlé: on agira uniquement avec le secours des gouvernails et de même que nous l'avons indiqué.

Nous supposons ici que les circonstances ne nécessitent qu'un changement de direction de 90°, mais cette méthode peut encore s'appliquer avec succès à toute autre évolution plus étendue, même quand il s'agirait d'obtenir une révolution complète. Le temps que l'on gagne en employant cette manœuvre, comparative-

ment avec la première, se trouve dans le rapport de 6,5 à 1, c'est-à-dire, que si on a employé par la première méthode 6,5 minutes à
parcourir le cercle entier, une minute seulement suffira en usant du second procédé. Il en
résulte également une diminution considérable
dans l'étendue de l'espace parcouru, qui peut
du reste se calculer par les temps et les vitesses
employés à la parcourir.

On voit combien il est nécessaire que les
amarres soient d'une solidité éprouvée. En
effet, à partir du moment où le bateau à vapeur change de route, et que le remorqué
abat sur l'autre bord, les amarres mollissent
évidemment ; le remorqueur, libre pendant un
instant, augmente de vitesse, ensuite quand
il agit sur la perpendiculaire du remorqué,
toute sa force vive, acquise, est obligée de se
détruire instantanément ; car ce dernier, par
sa résistance latérale, et par suite du mouvement de traction perpendiculaire, peut être re-
gardé, à peu de chose près, comme une
masse inerte.

On voit aussi qu'il importe que les amarres

soient attachées à bord du bateau à vapeur d'une manière qui ne laisse point de doute sur leur fixité, ét encore de telle sorte que ce bâtiment ne puisse être cassé ni endommagé par une secousse aussi violente ; il est utile que le remorqué, prévoyant, comme de raison, cet accident, puisse au besoin choquer à la bitte, afin d'amortir, en quelque sorte, la violence de cette même secousse.

Ordinairement les amarres à bord du bateau à vapeur passent de chaque côté du bord dans une ouverture faite et façonnée pour cet objet et située à l'arrière de chacun des tambours des roues ; elles vont ensuite s'attacher sur les bittes. Il est bon de conserver à bord une certaine longueur de grelins en glaines, afin de pouvoir filer ou choquer au besoin, bien que cette opération appartienne plutôt au remorqué qu'au remorqueur.

Les deux amarres peuvent être remplacées par une patte d'oie, dont les deux branches seront fixées à bord du remorqueur, de même que les amarres précitées ; mais, dans ce cas, il est évident que le remorqueur est seul apte à filer ou à embraquer, au besoin, chacun des bouts pendans de la patte d'oie en question.

Pour remorquer un bâtiment bord à bord, on est dans l'habitude de maintenir l'écart qu'il est nécessaire d'établir entre lui et le remorqueur avec deux espars ou arcs-boutans placés de l'avant et de l'arrière, et suspendus perpendiculairement à chaque navire ; ensuite on lie ensemble les deux navires au moyen de bridures et d'amarrages croisés, de telle sorte qu'ils ne puissent ni se séparer ni obéir l'un sans l'autre, soit au mouvement de sillage, soit à celui qui tendrait à faire aller le système à reculons, soit encore à une circonstance d'arrêt instantanée. Il est donc indispensable qu'il n'y ait aucun mou dans les amarres ou bridures, enfin que les deux navires composent un système unique et inséparable.

L'emploi des arcs-boutans est tout-à-fait nécessaire, et on ne saurait se permettre d'appuyer le navire remorqué contre les supports des roues des remorqueurs, quelles que soient les apparences de leur solidité. Car, à défaut de houle, le mouvement des machines est assez puissant pour faire osciller l'un sans l'autre les deux navires, et il peut en résulter, sinon leur rupture, au moins leur flexion, et par suite l'altération de l'alignement de l'arbre de couche des roues. Il n'est pas besoin de la rencontre d'une préceinte pour donner lieu à de pareils accidens; le frottement seul peut les produire.

On conçoit qu'il doit résulter d'une pareille méthode de remorquage que le système tendra continuellement à abattre du côté opposé au remorqueur, car la situation devient très-semblable à celle d'un canot dans lequel on ne nagerait que d'un seul bord. Aussi devient-il indispensable, quand l'espace manque, d'avoir en partant une longue amarre faisant croupiat, destinée à contretenir l'embardée de départ. Cette amarre, fixée du côté opposé à cette embardée, doit être assez longue; et le point fixe ou l'ancre à jet, sur laquelle elle peut être amarrée, doit se trouver dans une direction perpendiculaire à l'avant du navire, plutôt même en dehors qu'en dedans. On file cette amarre à mesure que le système prend de l'air,

et on la lâche tout-à-fait quand les gouvernails
agissent suffisamment, par suite de la vitesse du
système, pour balancer toutes les embardées.

Malgré les efforts considérables qui résultent
du remorquage de frégates ou de vaisseaux,
qui ne permettent guère de filer avec facilité
et promptitude les amarres peu maniables qui
lient les navires, quand on veut user de ce
moyen pour prévoir une trop forte embardée,
On doit cependant l'essayer quand il y a ur-
gence, et, dans ce cas, les filer, de manière à
agir le plus directement possible sur l'avant ou
l'arrière du navire remorqué. Les amarrages
croisés offrent cette faculté; en effet, celle qui
vient de l'avant du remorqué s'attache de l'arrière du remorqueur. En filant donc les autres
amarres et bridures en tout ou en partie, on
pourra immédiatement après agir avec plus ou
moins d'efficacité sur l'avant du remorqué, et
contrairement à l'embardée qu'on veut éviter.
Des embardées autres que celles dont nous avons
parlé plus haut, ne sont point probables; elles
ne pourraient avoir lieu que par suite de courans, et, dans ce cas, il ne convient nullement

de démarrer le système. Les gouvernails des deux bâtimens, la nature même du remorquage, sont suffisans pour prévoir à toute embardée de cette espèce.

Au reste, des manœuvres semblables supposent qu'on a devant soi du temps et de l'espace, et, dans ce cas, la remorque bout à bout est infiniment préférable.

Il est peut-être douteux qu'en disposant les deux navires l'un à l'égard de l'autre, de manière à former entre eux un angle quelconque, on puisse obtenir un effet assez puissant pour compenser les embardées en question ; mais il est certain qu'il en résultera une très-grande perte de vitesse, et, par suite, une moindre action de la part des gouvernails.

Il nous paraît préférable d'amarrer le remorqueur le plus parallèlement possible au remorqué, mais toujours au milieu de ce dernier, et de correspondre avec lui pour faire agir les deux gouvernails semblablement.

Il est vrai que, quand on a deux bâtimens à remorquer, ces deux résistances placées symétriquement de chaque bord, conspirent pour équilibrer les embardées; mais les besoins du service, comme aussi les volumes des bâtimens à remorquer, peuvent exiger les manœuvres singulières que nous avons exposées plus haut, alors nous pensons qu'il conviendrait de fabriquer tout exprès pour les ports où les obstacles sont multipliés, un bâtiment à vapeur qui serait tout-à-fait à l'abri des inconvéniens signalés. Il suffirait pour cela d'adjoindre à ce bâtiment une roue à aubes, sous le beaupré ou à sa place, dont les pales seraient dirigées comme la quille, et qui, susceptible d'aller à droite ou à gauche à volonté et selon les besoins [1], rendrait faciles et positives les évolutions des systèmes de remorque. Mais ceci tient à des perfectionnemens étrangers à notre sujet.

Les bateaux à vapeur peuvent encore rendre de grands services dans plusieurs circonstances particulières : quand il s'agit, par exemple, de remettre à son poste un vaisseau, de le ha-

---

[1] Trois roues à angles, un manchon et un levier suffiraient pour cela.

ler à un meilleur mouillage, ou de le retirer d'une côte sur laquelle il serait échoué. Dans toutes ces circonstances, le bateau à vapeur va se mouiller dans la direction vers laquelle on a l'intention de tirer le vaisseau. Il est convenable que ce soit à une distance telle que le bateau à vapeur puisse se lier avec le vaisseau, au moyen d'amarres, après avoir filé tout son câble.

Cela fait, le bateau à vapeur vire sur son câble, et en même temps fait aller ses roues en avant. La force que, dans cet état de stabilité, peuvent produire les machines, est à son *maximum*, et capable de triompher de la plupart des grandes résistances que les marins ont souvent à vaincre.

Dès que le vaisseau est arrivé auprès du bateau à vapeur, et ce dernier à pic de son ancre, s'il s'agit d'aller plus loin, le vaisseau mouille, et le bateau à vapeur reporte son ancre au large et se laisse de nouveau culer sur le vaisseau dont il prend les amarres.

CHAPITRE V.

DES MANOMÈTRES.

———

LE baromètre, comme on sait, est un instrument propre à mesurer la pression ou pesanteur de l'atmosphère; il se compose d'un
tube de verre un peu plus long que 76 centimètres, bouché par une de ses extrémités,
rempli de mercure, et plongé par l'extrémité
ouverte dans une cuvette qui contient de ce
même métal jusqu'à une certaine hauteur. Le
mercure, ayant été soumis dans le tube de verre
à l'action d'une forte chaleur et étant entré en
ébullition, se trouve entièrement purgé d'air
et d'humidité; or, il arrive qu'après avoir été

renversé dans la cuvette, le mercure baisse dans le tube de verre jusqu'à un certain point, et puis que, d'une part, l'extrémité supérieure du tube est bouchée, il s'ensuit que l'espace qu'abandonne le mercure est entièrement vide d'air et de vapeur, et que le sommet de la colonne de mercure est à l'abri de la pression atmosphérique.

La hauteur habituelle, à laquelle se soutient ainsi le mercure par suite de la pression équilibrée de l'atmosphère qui agit sur la cuvette exposée à l'air libre, est ordinairement de 76 centimètres au-dessus du niveau du mercure de cette même cuvette [1]. Ainsi donc une colonne de 76 centimètres de mercure représentera exactement ce qu'on appelle une atmosphère.

Ordinairement, dans les variations de pressions atmosphériques, on ne tient pas compte

[1] Il nous paraît inutile de faire mention ici des petites dénivellations qui résultent des variations atmosphériques, comme aussi de l'imperfection du vide barométrique, résultat de la formation des vapeurs mercurielles.

de la dépression de la cuvette, parce que, quand elle est large, elle devient minime. Cependant, à la rigueur, on devrait y avoir égard.

Quelquefois, au lieu d'avoir une cuvette, le baromètre se compose uniquement d'un tube à siphon et à branches parallèles également calibrées dans toutes leurs longueurs; on le prépare au feu comme celui dont il est fait mention plus haut; alors il est évident que, pour avoir la dénivellation totale du mercure, c'est-à-dire la valeur exacte de la pression atmosphérique, il faut prendre la somme des dénivellations du haut et du bas de l'instrument, ou encore, s'il est bien calibré, une seule et la doubler.

Si on verse du mercure dans un siphon dont les branches parallèles sont tournées en l'air, les deux extrémités étant supposées débouchées, il arrivera évidemment que le niveau s'établira égal de part et d'autre. Maintenant, si par une pression quelconque exercée sur une des deux colonnes, par une insufflation, je suppose, on oblige le mercure à passer et s'allonger dans l'autre branche, jusqu'à se déniveller de 76 cen-timètres, l'effort de pression sera d'une atmos-phère, il sera de deux, de trois atmosphères, etc., quand la colonne de mercure occupera une longueur de 1^m,52, 2^m,28, etc. ; ainsi de suite. Elle peut être d'une longueur indéterminée, selon que la pression, exercée d'autre part, agira plus puissamment.

Maintenant, si, au lieu d'agir par pression, on agissait par un effort de succion, il est bien évident encore que le mercure s'étendra du côté de l'effort, pressé qu'il est d'autre part par la pression de l'atmosphère, et quand la co-lonne de mercure aura acquis (ce qui n'est pas probable) une longueur de 76 centimè-tres, l'effort de succion ou l'énergie du vide sera égal à une atmosphère ; mais il est limité à cette quantité, puisque telle est aussi la li-mite de la puissance ou pesanteur de l'atmos-phère, en vertu de laquelle seule il s'élève ainsi.

Ainsi donc, l'effort de pression peut faire monter le mercure indéfiniment, tandis que celui de succion ou de vide est limité à 0^m,76 ;

encore n'arrive-t-on jamais à cette quantité par suite des moyens imparfaits qu'on emploie pour opérer le vide.

Cela posé, si on remplace les efforts de pression et de succion dont nous avons parlé par la pression de la vapeur des chaudières et le vide des condenseurs, on aura une idée de la manière dont on peut mesurer l'énergie des fonctions de ces appareils.

Or, la pesanteur d'une colonne de mercure de 76 centimètres de longueur, de 1 centimètre carré de base, étant de $1^k,c33$, il s'ensuit que telle est l'expression réelle de la pesanteur atmosphérique sur une pareille surface.

Il y a deux espèces de manomètres employés dans les machines à vapeur, pour mesurer la pression qui existe dans les chaudières : les uns sont ouverts, à cuvette ou à siphon ; les autres sont bouchés par une de leurs extrémités, et c'est par la compression de l'air dans leur capacité intérieure qu'on obtient la mesure exacte de la pression de la vapeur.

Les manomètres ouverts et à cuvette reçoivent la pression directement au moyen d'un tube qui réunit et met en communication cet instrument avec la chaudière ; à mesure que la vapeur prend de la tension, elle agit sur le mercure de la cuvette, et celui-ci monte dans le tube vertical qui y est fixé ; ensuite un flotteur, qui nage dans le tube, surmonté d'un indicateur, accuse à chaque instant, par sa hauteur, l'état de la pression dans l'appareil évaporatoire. Ces instrumens manométriques sont en fer.

Le plus communément, les manomètres se composent d'un siphon en fer à branches parallèles dans lequel on verse du mercure ; comme dans le précédent, on emploie un flotteur ; mais, ses indications n'accusant que la moitié de la dénivellation totale, il importe de les compter doubles.

Ces instrumens sont frappés de quelques causes de perturbation qu'il importe de connaître. Ainsi, quand il s'introduit des corps étrangers dans le tube manométrique, ce qui, du reste, peut arriver, puisque les ouvertures sont dirigées favorablement pour cela, ces corps étrangers peuvent gêner l'indicateur dans son ascension, et celui-ci peut ne pas indiquer

la pression effective. Il convient donc de s'assurer souvent si les instrumens sont en fonction en faisant remuer l'indicateur à la main.

Quelquefois le mercure des manomètres se
renverse dans les chaudières, quand celles-ci
ne sont pas munies d'une soupape atmosphérique, et si les chaudières sont en cuivre, l'a-
malgame qui en résulte peut entraîner leur destruction partielle, peut-être même complète.
On ne saurait y prévoir par le seul abaissement
des tubes manométriques à une distance perpendiculaire plus grande que 76 centimètres,
en dessous de leur point de liaison avec les
chaudières, parce que bien que l'effet du vide se
borne à soulever une colonne de mercure de
cette longueur, il arrive quelquefois qu'elle est
rompue par des bulles d'eau, et alors l'élévation
est indéfinie de la part des fractions de colonnes
de mercure. Le vide dont nous parlons est celui
qui résulte du refroidissement de la chaudière,
quand elle ne fonctionne plus, et, par conséquent, de la condensation de la vapeur d'eau
qu'elle contenait préalablement [1].

[1] On pourrait encore prévoir à ces effets, en

On conçoit que des instrumens pareils appliqués à des machines à haute pression exigeraient une longueur excessive et très-incommode surtout à bord des navires à vapeur qui fréquentent la mer ; ils seraient, en outre, sujets à des perturbations singulières, par suite des effets du roulis et du tangage qui occasionneraient de la part du mercure des oscillations tout-à-fait contraires à l'estimation exacte de la pression. Mais on a trouvé un moyen de la mesurer avec assez de rigueur par l'application ingénieuse de l'appareil de *Mariotte*.

Le volume de l'air et des gaz secs, quand ils sont comprimés, étant toujours proportionnellement inverse à la force de compression qui agit sur eux, il en résulte qu'en comprimant, au moyen d'un véhicule, du mercure, par exemple, une certaine quantité d'air sec dans un tube de verre bouché et bien calibré ;

donnant une grande dimension en diamètre au tube qui conduit la pression au manomètre. Il est même nécessaire de l'établir ainsi dans tous les cas, en raison de ce que la soupape atmosphérique en question peut se trouver gênée dans ses fonctions.

l'inspection des différens volumes que l'air acquiert par l'effort comprimant accusera immédiatement son énergie. Tel est le principe du manomètre bouché.

Ainsi, par exemple, le niveau du mercure M R, étant égal de part et d'autre, si une force agissant sur la cuvette oblige le mercure à pousser jusqu'à D, moitié de M T, l'effort de compression sera de deux atmosphères ; car, il y a déjà une puissance atmosphérique qui porte le niveau en M.

Maintenant, si l'effort de compression fait remonter le mercure jusqu'en D', moitié de D T, l'effort de compression sera égal à quatre atmosphères. Enfin il sera égal à huit atmosphères, quand le mercure sera arrivé en D", moitié de D'T.

Dans la division de ces appareils on a égard à la pesanteur de la colonne de mercure suspendue, elle influe sur les résultats, mais peu, quand il s'agit de hautes pressions. Du reste, on a la faculté de donner à ces instrumens une position horizontale.

Il est utile de s'assurer si les manomètres de

l'espèce de ceux dont nous venons de parler partent effectivement de la ligne de foi, qui indique une atmosphère ; on s'en aperçoit quand le niveau du mercure de la colonne intérieure l'effleure. S'il en était autrement, il faudrait l'y ramener, soit par une addition, soit par une soustraction de mercure.

Dans cet état, il est évident qu'à son point de départ cet instrument est déjà soumis à la pression d'une atmosphère, car si par un moyen pneumatique on la supprimait sur la cuvette, on ne tarderait pas à voir remonter la colonne, ainsi déchargée du poids qui la maintenait à cette hauteur, et réciproquement à la voir s'abaisser dans le tube opposé. La vapeur de l'eau en ébullition n'étant pas supérieure en pression à celle de l'atmosphère, il s'ensuit encore que quand la chaudière en sera pleine, le mercure de cet instrument ne perdra pas son immobilité, et son niveau restera le même. Ainsi donc, à cette ligne de foi on peut marquer déjà une atmosphère de pression. Il en est de même pour tous les autres manomètres.

13.

Les manomètres qu'on applique aux condenseurs se composent d'un tube en verre,
ouvert par les deux bouts ; l'extrémité supérieure est liée et mise en communication avec
le condenseur par un moyen quelconque ;
l'autre extrémité plonge dans une cuvette de
mercure exposée à l'air libre. Il suit de cette
construction que plus le vide, produit par le
condenseur, sera parfait, plus la colonne de
mercure s'élevera par l'effort de succion qu'elle
éprouvera, ou pour parler plus physiquement,
par la pression non balancée de l'atmosphère
qui agira sur le mercure de la cuvette.

Le vide que produisent les condenseurs
n'est pas parfait : la température de ces capacités, celle de l'eau de condensation, après
l'effet qu'elle est destinée à opérer, les vapeurs d'eau relatives à ces mêmes températures, enfin les défauts des ajustages sont les
causes les plus ordinaires qui s'y opposent. Un
vide qui fait monter le mercure jusqu'à 55 et
60 centimètres peut être considéré comme bon,
c'est celui qu'indiquent habituellement les manomètres.

On voit que les échelles de pression ou les manomètres appliquées aux chaudières, peuvent être considérées comme des appareils de sûreté en fonctions continuelles, qui ont cela d'avantageux sur les soupapes de sûreté ordinaires, qu'elles marquent à chaque instant l'état de la pression de la vapeur des chaudières, quand elle est inférieure à celle qui peut soulever les soupapes en question ; ces dernières étant bornées dans leurs fonctions à l'indice de la limite de pression qu'on ne veut pas dépasser.

Aujourd'hui, le contrôle des manomètres avec les thermomètres rend tout-à-fait impossibles les accidens d'explosions ; ils ne sauraient plus être que le fruit de la plus impardonnable négligence ou incurie.

NOMENCLATURE

ET USAGE DE TOUTES LES PIÈCES

QUI ENTRENT DANS UNE MACHINE ORDINAIRE

DE BATEAU A VAPEUR.

———

Affût.

ON donne ce nom à l'assemblage entier des différens bâtis de la machine, A′,A′,A′. Il lie entr'elles toutes les parties supérieures et fixes de la machine, il s'endente sur le condenseur C, sur le cylindre et sur les bâtis verticaux ; enfin il donne appui à l'arbre de couche, au point fixe du parallèlogramme F, au point fixe F′ du levier angulaire PLR ; il fournit passage aux tiges de pistons des pompes alimentaires

MM; il est fortement lié par sa base aux carlingues GG',GG'.

Ailes, aubes, vannes, pales.

Ce sont les surfaces rectangulaires placées aux extrémités des rayons des roues, et qui, en recevant le choc de l'eau, fournissent au navire la poussée, et par suite sa vitesse progressive. Quand, par suite de la révolution des roues, les pales entrent et sortent de l'eau, leur effet se trouve divisé et n'est pas entièrement favorable à la marche du bâtiment; aussi a-t-on cherché à prévoir à cet inconvénient par plusieurs moyens, entr'autres par celui des pales articulées; mais tous les essais en ce genre n'ont pas été heureux, et paraissent inapplicables au service de mer.

Il serait vraiment utile de chercher si on ne pourrait pas trouver le moyen de supprimer instantanément et avec facilité les pales qui plongent dans l'eau, afin de pouvoir se servir isolément des voiles sans le concours des machines ou sans être astreint à l'obligation de faire tourner l'attirail volumineux et gênant des roues à aubes.

Trois ou quatre rangs de rayons à fourchette, dans lesquels on aurait la faculté de glisser les pales, ou ces mêmes rayons seulement installés à charnières et en éventail sur l'axe, paraissent promettre des résultats favorables.

De toutes les parties du mécanisme des machines des bâtimens à vapeur, les roues à aubes sont celles qui souffrent le plus les avaries. La suppression de quelques unes ne diminue point la vitesse d'une manière appréciable, et il n'en resterait que le tiers que le navire ne perdrait point la moitié ni même le tiers de cette même vitesse. La plus grande perte résulterait de ce qu'on serait obligé de diminuer un peu la pression pour éviter de trop grands chocs. L'axe des roues d'une machine de 160 chevaux est d'une dimension à l'abri du choc des boulets.

Il y a quelques bateaux à vapeur dont le bord intérieur des aubes fournit une vitesse moindre que celle du navire. C'est un inconvénient très-grave, qui nuit considérablement à la marche, et on y prévoit, soit en supprimant cette portion de la surface des aubes, soit en rapprochant ces surfaces de l'arbre de couche.

Alimentaire (pompe d'alimentation).

On n'a pas pu les indiquer dans la planche, mais elles sont situées perpendiculairement en dessous des points M,M qui servent de guide à leurs tiges de piston.

L'eau alimentaire est prise sur celle de la cuvette C plutôt qu'en dehors du navire, et la raison en est de ce que cette eau est déjà échauffée par suite de la condensation, et doit être un peu moins salée que celle qui viendrait directement de la mer.

Il est utile que ces pompes et l'attirail qui leur est indispensable soient d'un démontage facile, afin qu'on puisse les examiner et remédier avec célérité aux mille accidens qui peuvent paralyser les fonctions de ces appareils importans.

Atmosphères.

Unité de comparaison pour la mesure de la pression de la vapeur dans la chaudière. La pression atmosphérique fait équilibre à une colonne de mercure de $0^m,76$, ou à une pression $1^k o33$ sur 1 centimètre carré de surface. Quand la vapeur, dans l'intérieur des chaudières, est à $100°$ de température, elle jouit d'une tension égale à celle de l'atmosphère, elle fait équilibre à celle qui agit sur l'enveloppe extérieure de la chaudière.

On peut employer la vapeur à une pression de plusieurs atmosphères. Les manomètres ou échelles de pression indiquent à chaque instant le nombre et partie d'atmosphères de pressions de la vapeur.

Quand les manomètres accusent, à partir de zéro, une pression de 22 centimètres de mercure, je suppose, la puissance effective de la vapeur, ralativement au vide, est réellement de 1 atmosphère plus 22 centimètres.

Si un manomètre marquait une pression de 80 centimètres, il faudrait en conclure, que la machine travaille sous deux atmosphères, plus 5 centimètres si elle fonctionne avec condensation et avec une atmosphère, plus 5 centimètres si elle agit sans condensation.

Arbre de couche.

OO (fig. 1.) Axe des roues à aubes ; il se compose de deux portions, réunies par une manivelle coudée, ou de trois, réunies par deux manivelles formant entre elles un angle droit, quand le bâtiment à vapeur est muni de deux machines. Cette dernière disposition est la plus généralement adoptée à bord des bâtimens à vapeur de grande dimension. Elle convient à la distribution plus uniforme de la force motrice, en ce que chaque machine aide l'autre à dépasser les points d'inertie des pistons, qui ont lieu, comme on le sait, aux deux extrémités de course des pistons, en haut et en bas des cylindres. L'arbre de couche est lié d'une part aux manivelles coudées par des clavettes O , O' qui rendent ce système très-rigide. Le bouton N est lié à cette manivelle d'une manière également fixe, mais il est un peu mobile dans l'autre manivelle, afin de pouvoir céder en cas de besoin, sans fatiguer la machine, à quelques chocs ou dérangemens. On nomme quelquefois ce genre d'ajustage *articulation à olive ou à ro-*

lule L'arbre de couche possède encore un point de rotation contre le bord, et un autre sous la traverse extérieure des tambours. Les brides qui servent à maintenir l'axe dans cette position sont munies de godets à huile. Q,Q. Quelquefois on supprime le point de rotation qui est en abord.

Les avaries qui sont ordinaires à cette pièce sont celles qui peuvent être la suite d'un défaut d'alignement par l'effet de la courbature des navires, ou d'un abaissement de la charpente extérieure. Il convient de vérifier l'alignement de ces parties de temps en temps; nous avons indiqué dans cet ouvrage un moyen facile pour soulever en grand l'arbre de couche (page 79).

Balanciers à jumelles.

JJ',JJ. Ces pièces transmettent le mouvement à l'arbre de couche, au moyen du tez renversé DX; elles le reçoivent du grand tez TT, au moyen des bièles pendantes en T. Sur les balanciers, on trouve aussi les points moteurs des bièles de la pompe à air et des pompes alimentaires, ainsi que ceux de la tringle KT du parallélogramme ; l'axe des balanciers est à la place marquée I, I.

Basse pression.

Les machines à basse pression sont celles dans lesquelles la pression habituelle de la vapeur ne s'élève point au-dessus du tiers de celle de l'atmosphère ; elles travaillent nécessairement avec condensation.

Bateaux à vapeur.

Les bateaux à vapeur doivent avoir quelques qualités de communes avec les bâtimens à voiles ordinaires :

1°. Ils doivent flotter en portant un poids déterminé ;

2°. Avoir de la stabilité, c'est-à-dire, affecter en flottant une position à laquelle ils tendent incessamment à revenir, quand une force étrangère les en écarte accidentellement ;

3°. Prendre sous l'influence d'une force motrice quelconque la vitesse la plus grande ;

4°. Bien gouverner ;

5°. S'élever avec facilité au-dessus des vagues et obéir sans roideur aux mouvemens de
roulis;

6°. Avoir la solidité voulue pour résister à la
mer et à la puissance motrice.

On sait du reste aujourd'hui que les formes
de navire qui conviennent le plus à la vitesse
du sillage par les machines, peuvent aussi s'accorder avec les qualités qui leur sont nécessaires
pour bien porter la voile.

Les qualités particulières aux bateaux à vapeur marins sont celles-ci :

1°. Ils doivent être à même de supprimer avec
facilité et promptitude les aubes des roues,
afin de pouvoir profiter d'un bon vent s'il s'en
présente; ils doivent également être disposés de
manière à ce qu'elles puissent se remonter avec
facilité. Quatre ou cinq rayons de chaque roue
établis à fourchette ou en éventail peuvent satisfaire à ces conditions.

2°. Il serait bon que, sans être fins voiliers,
ils aient la stabilité voulue pour pouvoir profiter d'un bon vent, largue ou grand largue, avec
ou sans le secours des machines. Cette condi-

tion a déjà été remplie sur plusieurs bateaux à vapeur.

3°. Qu'avec le seul secours de ses machines, et le bâtiment rendu à son *maximum* de charge, il puisse filer de sept à huit nœuds; et que, rendu à cette même ligne d'eau du *maximum* de charge, il ait au moins vingt jours de combustible (plus s'il est possible), deux mois de vivres, enfin son armement complet en hommes, artillerie, gréément et matériel, etc.

4°. Que les logemens soient spacieux et commodes [1], et qu'on ajoute quelques moyens de propreté à ceux qui existent déjà à bord des bâtimens ordinaires.

5°. Que les chaudières soient en cuivre, et que toute adjonction de parties en fer én fût

---

[1] Ces conditions relatives à l'espace sont faciles à obtenir, en donnant à la ligne du pont une étendue et une forme qui se rapprochent davantage du rectangle circonscrit. Cette disposition, qui élargirait l'avant et l'arrière sans élever le navire au-dessus de l'eau n'augmenterait pas ainsi la résistance de l'acastillage contre le vent, et serait très-propre à la navigation du vent devant et du vent arrière.

soigneusement rejetée ; qu'on pût établir autour d'elles des greniers à charbon assez épais pour les garantir du choc des boulets ; enfin qu'on pût circuler librement autour d'elles et dans leur intérieur pour les visiter ou nettoyer.

6°. Que les machines conjuguées soient plus resserrées au milieu du navire, afin de faciliter ainsi l'établissement de greniers à charbon en abord qui doivent les garantir des boulets ennemis.

La résistance qu'un bateau à vapeur est obligé de vaincre pour s'avancer dans le fluide est proportionnelle à la surface du rectangle plongé et au carré de la vitesse.

La puissance motrice nécessaire d'appliquer à un bateau pour l'animer d'une vitesse donnée, doit être proportionnelle à la résistance, c'est-à-dire au carré de la vitesse multipliée par elle-même, en d'autres termes, au cube de la vitesse.

Pour donner à un bateau à vapeur une vitesse double de la première, il faudra donc lui appliquer une machine huit fois plus puissante ; pour une vitesse triple, une machine vingt-sept fois plus puissante, etc.; on suppose ici qu'il puisse supporter l'effort et le poids de ces machines, ainsi augmentées en forces, qu'elles ne changent rien à la surface du rectangle plongé, ce qui n'est guère possible.

Pareillement, si une machine conjuguée était séparée de l'autre, qui lui est égale en force, pour une cause d'avarie, je suppose, la perte de vitesse serait comme la racine cubique; si le navire filait huit nœuds, il n'en filera plus que six après.

Bâtis.

On nomme ainsi les grandes pièces de liaison en fer fondu, telles que A, A', A', qui constituent l'affût de la machine (voyez ce mot); ils se distinguent en bâtis horizontaux et angulaires AA et en bâtis verticaux A'A'.

Bièles.

Ces pièces de fer qui transmettent le mouvement et la puissance du grand tez aux balanciers, ne peuvent se voir dans la planche; on n'a pu qu'indiquer les articulations supérieures en **J'J'**. Il existe aussi deux autres bièles qui servent à mouvoir la pompe à air; on voit leurs articulations avec le tez de cette pompe en **T',T',T'**.

Boîtes à étoupe.

Elles se composent d'une partie fixe telle que **ZZ**, qui est creusée pour recevoir de l'étoupe qu'on y presse fortement, et d'une autre partie mobile qui entre dans la première et qui sert à presser davantage cette étoupe, au besoin. Cette même pièce mobile est creusée dans sa partie supérieure, afin de pouvoir contenir les graisses qui servent à lubréfier la tige du piston. On l'appelle *presse-étoupe*; elle se serre au moyen de deux ou plusieurs vis ou écrous. On voit des boîtes à étoupes en **Z'',Z'', Z''',Z'''**. Les premières sont adaptées au tiroir intérieurement et extérieurement, les autres à la tige de la pompe à air.

Boîte des soupapes à tiroir.

Cette pièce, en fer fondu, est appliquée et

fixée au cylindre au moyen de vis, d'écrou et de mastic ; elle est marquée par les chiffres 2, 2, 2, et destinée à recevoir le *tiroir* qui se compose de la pièce cotée 3, 3, 3 (voyez ce mot.); ses deux ouvertures correspondent avec celles du cylindre cotées 4, 4 ; elle est munie de deux boîtes à étoupe Z'', Z'' destinées à intercepter le passage de la vapeur, soit au cylindre, soit au condenseur.

A la partie inférieure de cette boîte se lie le tube 5, 5, qui communique avec le condenseur.

Bouilleurs.

Les chaudières cylindriques se composent ordinairement de plusieurs vaisseaux ou cylindres, dont les uns sont destinés uniquement à contenir le foyer, la surface de chauffe et à recevoir le coup de feu ; ceux-là doivent être toujours pleins d'eau ; on les nomme bouilleurs. Les autres, supérieurs, ne participent qu'en partie au feu, mais sont en communication directe avec les bouilleurs par des tubullures, et reçoivent toute la vapeur de l'ap-

pareil pour la distribuer ensuite au mécanisme ;
on nomme ces derniers *réservoirs*.

Il se forme quelquefois des *chambres à vapeur* dans les bouilleurs, et ce cas est dangereux. (Voyez cet article.)

Bras du balancier.

On nomme ainsi chaque moitié ou partie de
balancier comprise entre son axe et l'extrémité.

Brides.

Toutes les articulations de la machine, telles
que F T K, sont établies au moyen de brides ;
ce nom indique assez leur usage ; celles de
l'arbre de couche Q, Q, D, soit intérieures, soit
extérieures, comportent avec elles des godets
à huile. Quand ces brides sont trop serrées, les
coussinets s'échauffent et se brûlent, ou se
détruisent promptement ; on s'en aperçoit au
toucher. Quand elles sont trop lâches, elles produisent des chocs qu'on peut reconnaître par
le même moyen, et on a la faculté de les serrer ou desserrer promptement et avec facilité,

souvent même sans arrêter la machine, en frappant sur les clavettes qui les serrent, ou en serrant leurs écrous.

Carlingues.

On nomme ainsi les grands madriers, tels que G G' qui fournissent un appui solide aux bâtis et au mécanisme en général. Ces pièces placées à fond de cale font partie intégrante du navire, et se lient avec lui dans une bonne portion de sa longueur.

Cendrier.

Les cendriers doivent être élevés, et fermés par des portes qui soient susceptibles d'un plus ou moins grand degré d'ouverture afin de pouvoir modérer ou activer le feu à volonté. On sait que l'air est essentiellement nécessaire à l'acte de la combustion, et qu'une dose plus ou moins grande y apporte un changement notable.

Chambres à vapeur.

On désigne sous ce nom les vides d'eau qui

se déclarent dans les bouilleurs quand les tubes de communication, qui lient ces capacités avec les réservoirs, sont ou trop étroits ou pas assez multipliés. Comme il peut en résulter des accidens fâcheux, nous croyons devoir renvoyer à ce que nous avons dit dans cet ouvrage (pages 39 et suiv.).

Chanvre.

Le chanvre qu'on emploie pour garnir les pistons et les boîtes à étoupe doit être de bonne qualité et non goudronné. Avant de l'employer, on l'imprègne de corps gras.

Charbon, houille.

La houille est le seul combustible employé en France pour le service des machines à vapeur. On la tire des mines de *Saint-Etienne*, d'*Anzin* ou de *Montrelais*, le premier de ces pays fournit la meilleure.

Sept kilogrammes de houille, de médiocre qualité, brûlée sur une grille ayant un mètre carré de surface, peuvent produire 25 kilogrammes de vapeur. La combustion de ces

7 kilogrammes de houille exige 168 kilogram-mes d'air. Voyez ce que nous en avons dit à la page 87 et suivantes.

Chaudières.

Nous avons parlé assez au long de ces appareils dans le cours de cet ouvrage. Voyez ce que nous en avons dit.

Les chaudières se déchirent par l'effet de l'usure ou d'un vice de construction ; elles crèvent par suite d'une tension trop forte ; elles font explosion quand la vapeur se trouvant désaturée se sature instantanément.

Chauffeur.

Cet ouvrier doit savoir lire et connaître la valeur des accidens qui peuvent déranger une machine, ainsi que la manière de conduire le feu ; il doit aussi connaître les inconvéniens attachés à une trop forte pression, à un niveau trop bas ; enfin toutes les circonstances de perturbation signalées dans le cours de cet ouvrage. La vigilance et la tempérance sont des qualités plus essentielles au chauffeur qu'une force physique, exagérée; les manomètres, thermomètres, robinets-jauges, soupapes de sûreté doivent être l'objet d'une attention soutenue de sa part. (Voyez dans cet ouvrage l'article du *chauffage.*)

Cheminées.

Les cheminées des bateaux à vapeur n'ont rien de plus particulier que celles dont on se sert autre part; elles sont munies d'un registre destiné à diminuer ou augmenter le tirage; sur les rivières, elles sont à charnières; quelquefois elles refusent de tirer; nous avons parlé de cet accident à la page 64.

A Lyon, MM. Péret et Dubot sont parvenus à construire un bateau à vapeur sans cheminée; mais leur machine ne brûle que du cooke. Les bateaux à vapeur marins devraient être installés de manière à pouvoir brûler à volonté du cooke dans le mauvais temps, ou quand on veut cacher sa route, dans ce cas on pourrait abaisser la cheminée, et de la houille dans tous les cas ordinaires. On sait que le cooke, par sa combustion, fournit une quantité de vapeur beaucoup plus grande que celle que produisent la houille et tous les autres combustibles.

Chemises.

On donne ce nom à une seconde enveloppe métallique (en cuivre jaune poli) dont on entoure quelquefois les grands cylindres, pour diminuer les pertes de calorique par rayonnement. D'autres fois on enveloppe les cylindres avec une chemise assez résistante, pour que entre les deux on puisse y maintenir une épaisseur de vapeur tirée de la chaudière. On a pour but d'éviter ainsi les déperditions de calorique, par suite du contact du grand cylindre dans l'air environnant, mais il est probable qu'on arrive à un équivalent par l'effet du rayonnement plus grand du second cylindre-enveloppe, plus étendu en surface que le premier.

Cheval.

On a l'habitude de comparer la puissance des machines à vapeur à celle d'un nombre de chevaux dont elles sont susceptibles de représenter le travail ; mais cette manière d'estimer la puissance des machines est si variable , selon l'opinion même des premiers qui l'ont adoptée , les Anglais , les Américains , qu'elle ne saurait continuer à devenir la base de comparaison de la force des machines. En effet , *Boulton* et *Watt* ont mesuré et trouvé qu'un cheval était capable de transporter à une hauteur d'un pied par minute la quantité de 32,000 livres fortes anglaises ; *Smeaton* n'admet que 22,900 , et *Desaguliers* 27,500 ; les différences sont trop grandes pour adopter une quelconque de ces estimations.

En France on estime la puissance des machines à basse pression des bateaux à vapeur , lesquelles ordinairement fonctionnent toutes à peu près avec la même tension de vapeur par le diamètre du cylindre.

Souvent pour éprouver si la puissance des machines à vapeur est effectivement celle qu'indique le calcul, on a l'habitude en France de les adapter à une machine hydraulique, et de mesurer la quantité d'unités dynamiques qu'elles sont

15.

capables de produire, ou, en d'autres termes, la quantité de mètres cubes d'eau qu'elles peuvent élever à la hauteur d'un mètre dans un temps donné. Mais comme la force nécessaire pour vaincre le frottement des machines hydrauliques est variable, selon leur espèce, et la perfection avec laquelle elles ont été fabriquées, il peut arriver que les défauts de puissance dépendent des mauvaises qualités de l'appareil hydraulique, et non de la machine à vapeur dont on éprouve la force.

On a donc cherché des moyens plus rigoureux pour reconnaître la puissance réelle des machines, et il paraît que le frein de Prony satisfait à toutes les conditions. Il n'a seulement d'autre défaut que celui de ne pouvoir s'appliquer qu'aux machines à vapeur qui fournissent un mouvement circulaire continu.

Cet appareil se compose d'un levier (fig. 3) CD assujéti autour de l'arbre de rotation O, au moyen d'une crapaudine et de deux forts écrous. On serre ces deux écrous à mesure que l'arbre se meut, afin d'établir une résistance par frottement, et on jette de l'eau au-dessus, afin d'éviter l'inflammation, au point de frottement. En même temps, on rapproche le poids **P**, ou on l'écarte au besoin, selon la puissance que la machine développe, et on tient compte du temps et du nombre de pulsations de la machine. Toutes ces données sont suffisantes pour fournir exactement l'estimation de la puissance de la machine [1].

Chocs.

On doit être attentif à les éviter; s'il s'en déclarait de très-violens, il faut arrêter la machine afin d'y remédier promptement.

On reconnaît les chocs par le toucher; beaucoup d'entre eux sont occasionnés par le desserrement des clavettes ou des écrous, ou bien encore par l'usure des coussinets.

[1] Pour cela il faut multiplier la longueur du levier par le nombre de révolutions de l'arbre en une minute, par le poids, et enfin par le double du rapport de la circonférence au diamètre.

Au lieu de poids il vaut mieux se servir de dynamomètre.

Clapets.

Ce sont les pièces à soupapes à charnières, marquées dans la planche par les chiffres 6, 6. Elles servent à empêcher l'eau d'injection et celle de la cuvette **C** de reculer vers le condenseur, quand le piston de la pompe à air descend. Ce dernier piston est également muni de deux clapets à charnières, destinés à boucher en temps convenable ses deux issues 6, 6, et cela afin qu'il puisse enlever, dans son mouvement ascendant, toute l'eau qui, dans le mouvement contraire, a passé au-dessus des clapets par les mêmes issues 6, 6.

Clavettes.

Ce sont des pièces doubles de liaisons, 7, 7, 7, 7. Elles sont fabriquées en coin, afin d'être susceptibles de serrage, et sont destinées particulièrement à lier les brides des tez avec les tiges de pistons. L'une d'elles est munie de deux mentonnets destinés à contrarier l'écartement des deux pendans de la bride;

l'autre taillée, comme nous venons de le dire, en coin, est destinée au serrage des coussinets.

Comme les clavettes sont susceptibles de se desserrer d'elles-mêmes et de produire des chocs qu'on attribue quelquefois à tort à l'usure des coussinets, on leur adjoint d'autres petites clavettes destinées à s'opposer à leur recul, et dont on écarte les branches fendues à cet effet, après qu'elles ont été passées dans leurs mortaises.

Ces petites clavettes se désignent sous le nom de contre-clavettes.

Clef.

On nomme ainsi les manches des robinets et les outils en fer qui servent à serrer ou desserrer les écrous de la machine. Il y en a de beaucoup de façons et de calibres, selon les différentes espèces d'écrous sur lesquelles elles doivent s'adapter.

Cloisons des chaudières.

Les cloisons intérieures des chaudières ont

pour objet de contrarier les ballottages de l'eau par les effets du roulis et du tangage ; elles ne doivent cependant pas intercepter la communication de l'eau d'un compartiment à l'autre, afin que son niveau puisse s'établir le même dans toute la capacité de la chaudière. Elles servent également de tirant, c'est-à-dire, à consolider les parois de la chaudière.

Condenseur.

C'est la partie de l'appareil où s'opère la condensation, au moyen de l'injection en pluie E ; cette injection est favorisée par le vide produit dans la capacité Y', au moyen du mouvement du piston de la pompe à air. Les deux capacités E et Y', dans le mouvement ascendant du piston de la pompe à air, communiquent ensemble pour concourir à cet effet, et le clapet 6 en se refermant ensuite, pendant que le même piston de la pompe à air redescend, empêche l'eau de repasser en E et maintient le vide dans cette dernière capacité.

Le condenseur, par le tube 5, 5, communique en temps convenable avec le haut ou le bas du grand cylindre, afin d'y opérer le vide nécessaire au mouvement de la machine, c'est le tiroir qui règle ce moment.

Dans la planche, la position du tiroir et de son excentrique est telle que, la machine tournant selon la flèche, la partie supérieure au piston YY va communiquer incessamment avec le condenseur; tandis que la vapeur, arrivant de la chaudière par V, communiquera avec le bas du cylindre. Ces deux effets, comme on voit, vont conspirer simultanément pour faire élever le piston dans le cylindre. Les flèches indiquent la route de la vapeur pour, d'une part, arriver au-dessous du piston, et, de l'autre, quitter le cylindre.

Coups de piston.

Le coup de piston se compose d'une allée et d'une venue entière du piston dans le cylindre. Leur nombre varie selon les machines et a toujours un rapport très-direct avec la marche des navires.

Couronne des pistons.

C'est la pièce circulaire marquée 8, 8, et

qui sert à presser les étoupes du piston placées en 9, 9, quand elles sont usées ou trop molles. C'est au moyen des boulons qui le traversent sur tout son contour, et qui se vissent dans le corps même du piston, qu'on obtient la pression convenable.

Course des pistons.

Elle se compose de la hauteur totale des cylindres, moins l'épaisseur des pistons, moins encore le jeu nécessaire pour que la partie de la tête des boulons qui n'est pas noyée dans la couronne ne puisse frapper contre le couvercle.

Cylindres.

Une machine à vapeur à condensation comporte ordinairement deux cylindres; le plus grand YY sert au développement de la force motrice; le second en Y' à faire le vide dans le condenseur.

Détente de la vapeur.

On entend par détente ou expansion de la

vapeur d'eau, la vertu que possède cette dernière lorsqu'elle est à une pression plus haute que l'atmosphère de pouvoir s'étendre dans un espace plus grand que celui où elle se trouvait d'abord, et de conserver encore une certaine puissance après son expansion.

La vapeur d'eau possède encore une force de détente même à une pression inférieure à celle de l'atmosphère, mais alors c'est relativement au vide.

Dilatation.

Quand on met une machine en train, toutes ses parties ne s'échauffent pas simultanément, et il en résulte des inégalités de dilatation.

Ces inégalités de dilatation produisent souvent des fuites de vapeur par les joints, ou un état de gêne dans le mécanisme, lorsqu'on met la machine en marche; mais ils cessent ordinairement peu après, quand elle a fonctionné pendant quelque temps.

Double effet.

Anciennement on se contentait de n'employer la vapeur dans les cylindres que pour le mouvement ascensionnel du piston. Les cylindres n'étaient point bouchés par un couvercle, comme aujourd'hui, et la vapeur n'était point renvoyée au-dessus du piston après son premier mouvement. Ce dernier descendait uniquement par la puissance de l'atmosphère et entraînait avec lui des contre-poids qui avaient servi avec la vapeur à faire monter le piston dans le premier mouvement.

Il résultait de ce procédé d'abord une perte notable de chaleur par le contact de l'air dans l'intérieur du cylindre et au-dessus du piston, et ensuite la nécessité de contre-poids. *Watt* a le mérite d'avoir simplifié le mécanisme, en installant les cylindres à double effet, c'est-à-dire, en agissant par-dessus le piston, comme on agissait d'abord par-dessous. Par ce procédé, la consommation de vapeur est nécessairement doublée, comme la puissance motrice également, mais les pertes signalées plus haut sont annulées, comme aussi les contre-poids dont il a été question. Les machines ainsi perfectionnées, qui sont les seules en usage aujourd'hui, ont pris le nom de machines à double effet.

Dôme de la chaudière.

Partie supérieure des chaudières qui est occupée par la vapeur d'eau.

Dynamiques (unités).

Pour estimer avec quelque exactitude la puissance des machines à vapeur, on cherche à connaître le nombre d'unités dynamiques qu'elles peuvent produire dans un temps donné. On entend par unité dynamique un mètre cube d'eau élevé à un mètre de hauteur.

Ébullition.

L'ébullition et l'évaporation sont deux choses qu'il importe de distinguer. L'ébullition est l'action tumultueuse de l'eau quand elle bout. Les bulles qui se projettent à la surface du liquide proviennent bien et sont effectivement de la vapeur qui s'est formée contre les parois chauffées des vases. Mais il peut y avoir évaporation sans qu'il y ait ébullition, et ce cas arrive lorsqu'il s'établit une pression quelconque au-dessus du niveau du liquide.

Il ne peut pas y avoir d'ébullition sans évaporation, mais l'évaporation peut avoir lieu sans l'effet tumultueux produit par l'ébullition.

Entretoises des bâtis.

C'est la pièce marquée A', qui sert à maintenir l'écart des deux principales parties de l'affût principal.

Évaporation. (Voyez *Ébullition.*)

Excentrique. (Fig. 1 et 4.)

R O est cette pièce ; elle sert à faire mouvoir le petit levier coudé R L P, c'est-à-dire, le tiroir 3, 3, 3 ; elle-même est mise en mouvement de va-et-vient par un effet d'excentricité qui varie de beaucoup de manières selon les machines, et qui est ordinairement adapté sur l'arbre de couche O O. Il est évident que pour arrêter la machine il suffit de suspendre le mouvement du tiroir 3, 3, et pour cela de soulever l'excentrique de manière à ce qu'il n'accroche plus en R.

Expansion de la vapeur. (Voyez *Détente.*)

Flotteurs.

Il y a quelques machines de bateaux à vapeur dont les chaudières contiennent un flotteur qui sert à marquer le niveau de l'eau ou à ouvrir l'alimentation quand il est trop bas. Ces flotteurs sont ordinairement en pierre, en porcélaine, ou encore en métal, et leurs pesanteurs spécifiques, relativement à l'eau, sont compensées par des contre-poids ou par l'effort qu'ils sont appelés à vaincre.

Fourniment d'une machine de 160 chevaux.

4 ringards crochus;

4 ringards, dits à lances ;

8 pelles à charbon (en fer) ;

4 seaux en fer de la contenance d'un demi-hectolitre ;

4 cuillers à graisse ;

4 burettes à huile ;

1 forge portative et son attirail, comprenant l'enclume, les marteaux, les pinces, etc. ;

3 crics doubles ;

Plusieurs barres de fer et d'acier de différentes dimensions, des barreaux de grilles de rechange, ainsi qu'un jeu de coussinets complet, des limes de plusieurs espèces ;

1 tige de piston de rechange.

Frein de Prony. (Voyez *Cheval.*)

Galvaniques (effets).

Deux métaux, en contact, lorsqu'ils sont de différente espèce, développent un effet semblable à celui d'une paire de la pile ; l'humidité et la chaleur favorisent encore cet effet destructeur, et il en résulte souvent des avaries graves dans les chaudières des machines à vapeur. On doit donc éviter avec soin de mettre du fer et du cuivre en contact dans la construction de ces appareils ; car le fer, dans ce cas, ne tarderait pas à se détruire promptement.

Garnitures.

Les garnitures des grands pistons se font ordinairement avec des tresses faites avec de la bonne étoupe : on les serre autant que possible quand on enveloppe ces tresses autour du piston, et ensuite au moyen des couronnes presse-étoupes en vissant fortement les boulons adaptés à cet usage. (Voyez *Couronne.*)

La plupart des parties des machines qui comportent des garnitures semblables sont installées de la même sorte, de manière à pouvoir être pressées lorsqu'elles sont trop molles ou usées. Quand il n'y a plus de serrage, on doit refaire les garnitures.

On verra dans cet ouvrage (p. 72 et suiv.) à quel indice on peut reconnaître la destruction partielle ou complète des étoupes : on sait déjà que dans certains cas on peut attribuer à leur dégradation l'imperfection du vide de la part du condenseur.

Les pistons des machines à haute pression sont souvent garnis en métal.

Une des causes qui tend éminemment à détruire les garnitures des pistons est le défaut de verticalité de leur tige par suite du jeu du parallélogramme dans ses articulations. (Voyez ce mot.)

En 8, 8, 9, 9, 9, 9, on voit les garnitures dont il est question et leurs presse-étoupes.

Gaz hydrogène percarboné.

Quelques personnes prétendent que quand par suite d'une nécessité accidentelle les registres des cheminées sont fermés dans une machine en pleine fonction, la houille enflammée, continuant à brûler sans le concours de l'oxigène, puisqu'il n'y a plus de courant d'air, se distille et produit du gaz hydrogène percarboné; que ce gaz s'accumule dans les conduits de flamme; et qu'il peut se trouver ensuite en assez grande quantité et dans les conditions favorables pour détoner, quand, en ouvrant le registre, on introduit l'air, et, par conséquent, la quantité d'oxigène voulue pour qu'il s'enflamme. Nous doutons qu'il puisse en résulter des sinistres ; mais cependant nous conseillons d'éviter de pareilles circonstances en ne fermant jamais entièrement le registre de la cheminée. Au reste, on a, d'autre part, la faculté de modérer le feu en fermant les cendriers et ouvrant les gueulards ; l'air frais, par ce moyen, passe au-dessus, et non au travers du charbon incandescent ; il ne s'échauffe que peu et va rafraîchir les surfaces de chauffe.

Grilles.

Pendant que les machines sont en fonction, les chauffeurs doivent souvent s'assurer que leurs grilles ne sont point engagées ; la chose est facile, il suffit de les regarder par le cendrier : s'il y a quelques points obscurs sur leurs surfaces, c'est qu'une scorie s'y forme, et il est urgent d'y passer le ringard, pour éviter la destruction de la grille.

Gueulard.

On nomme ainsi l'ouverture et même la porte des fourneaux. Les gueulards et les cendriers fournissent les moyens de modérer le feu avec plus ou moins d'efficacité. Ainsi, s'il s'agit de ne le modérer que peu, on ouvrira légèrement les portes du gueulard. Si on veut un plus grand effet, on les ouvrira davantage ou entièrement. Enfin, en ajoutant à ces moyens la fermeture plus ou moins entière du cendrier, on obtiendra un effet encore plus marqué. Le feu finirait même par s'éteindre tout-à-fait en laissant les choses quelque temps dans cet état.

Guide servant de parallélogramme, P.

Il sert à faire mouvoir la tige du tiroir en la guidant dans un sens vertical, il remplace l'effet du parallélogramme.

Haute pression.

Quand les machines à vapeur travaillent avec une vapeur plus tendue qu'un tiers d'atmosphère ; on les appelle machines à moyenne ou haute pression.

Injection.

L'injection se prend en dehors du navire qui est percé pour cet objet. Quelquefois on emploie une pompe aspirante et foulante pour l'obtenir ; le plus souvent on l'obtient simplement par l'effet aspirateur de la pompe à air et du vide du condenseur. Cette opération se trouve encore secondée par la pression résultant de la hauteur du niveau de l'eau extérieure au navire.

L'injection, ainsi sollicitée par plusieurs forces réunies, se rend avec jet dans le condenseur, et le tube qui l'y conduit est terminé par une pomme d'arrosoir E, qui sert à la distribuer en pluie, c'est-à-dire, de la manière la plus favorable pour condenser avec promptitude.

Le tube qui conduit l'injection est ordinairement muni d'un robinet à indicateur, qui sert à augmenter ou diminuer l'injection au besoin, ou même à l'arrêter complètement quand la machine est arrêtée. Le plus souvent un autre robinet est employé à ce second service. Il est essentiel de fermer l'injection quand la machine est arrêtée ; autrement, elle se remplirait d'eau, et on se trouverait dans la position de ne pouvoir pas mettre en marche au besoin.

Jauges (robinets).

Ce sont deux robinets espacés entre eux de trois pouces environ, qu'on adapte aux chaudières, pour servir à marquer le niveau de l'eau qui doit se trouver entre eux deux. Ainsi, en ouvrant le robinet supérieur, on doit trouver de la vapeur ; en ouvrant l'inférieur, de l'eau. On règle l'alimentation selon les circonstances. Un tube en verre, avec un indicateur, et muni d'un robinet à sa partie inférieure, sert également à cet objet ; il accuse à chaque instant la hauteur du niveau de l'eau dans la chaudière.

Joints.

Les joints des machines à vapeur doivent

être travaillés avec beaucoup de précaution. Ils sont faits ordinairement avec du plomb, de l'étoupe, du papier et du mastic. (Voyez *mastic.*)

Leviers angulaires et à main.

LRP est le levier angulaire qui communique le mouvement au tiroir, et qui le reçoit de l'excentrique R O.

On voit en R' le manche du levier à main qui sert à faire mouvoir le tiroir, et par conséquent les machines à droite ou à gauche quand l'excentrique R O est soulevé.

Manivelle.

C'est la pièce de fer formant coude avec l'arbre de couche sur lequel elle est arrêtée au moyen des clavettes O' O'; sa bride est en D, et son tourillon N reçoit le mouvement de rotation du T renversé, D X.

Manomètres.

Voyez ce que nous en avons dit dans cet ouvrage.

Mastic.

Les différens mastics qu'on emploie dans le service des machines à vapeur sont au nombre de deux ; le premier s'appelle mastic au *minium*, et se fait, avec cette substance, de la céruse et de l'huile de lin. Le second s'appelle mastic de fer et se compose,

De 12 parties de limaille de fer bien fine.

    1 de soufre en poudre.

    2 de sel ammoniac.

On ne prépare ce mastic que quand on doit s'en servir, car il a la propriété de sécher promptement, de devenir très-dur, et, par conséquent, hors de service.

Quand on doit s'en servir, on humecte le mélange de ces poudres avec de l'eau, quelquefois on y ajoute du vinaigre, et on applique le mastic qui en résulte, à l'intérieur, toujours du côté où s'opère la force ou le jet de vapeur auquel on cherche à s'opposer. Ce mastic à la propriété de s'attacher fortement au fer, et devient, par conséquent, très-propre à boucher les *fuites,* de rivets ou toutes autres qui se déclarent dans les chaudières faites de ce métal.

Modérateur.

Dans les machines à vapeur des usines, à terre, on emploie des modérateurs à force centrifuge, pour régler le mouvement des machines; à la mer on n'en fait point usage.

Parallélogramme.

Les tiges ou tringles, telles que **KT**, **FK'**, composent entre elles le système désigné sous le nom de parallélogramme. Il a pour but de guider avec exactitude la tige du piston dans le sens de son axe qui est aussi celui du cylindre. Tout parallélogramme porte avec lui la nécessité d'un point fixe tout-à-fait immuable; ici il est en **F**. La démonstration du principe des parallélogrammes a été donnée par M. Prony, et, après lui, par tous les auteurs des livres qui traitent spécialement des machines à vapeur. Nous ne les donnerons pas, mais nous nous bornerons seulement à prescrire l'indispensable nécessité de surveiller les articulations des tringles, afin qu'elles ne prennent point d'autre jeu que celui que comportent les fonctions de cet appareil.

L'usure des étoupes d'abord, la fracture des tiges des pistons ensuite, ou leur gauchissement, sont les suites presqu'inévitables du jeu que pourraient prendre les articulations du parallélogramme, et particulièrement son point fixe.

Pistons.

Une machine de bâtiment à vapeur comporte avec elle trois espèces de pistons : le grand piston, qui reçoit l'impulsion de la vapeur 9, 9, 8, 8, et qui sert au développement de la puissance motrice. L'extrémité de la tige du piston s'adapte à lui dans une ouverture conique comme elle, et est arrêtée en dessous par un écrou. La surface circulaire et cannelée de l'épaisseur du piston reçoit une garniture d'étoupe, quelquefois de métal, et qui sert à établir le frottement avec la paroi intérieure du cylindre.

Quand les pistons sont regarnis à neuf *ou*

que les machines elles-mêmes sont neuves, ces frottemens sont un peu durs, mais ils ne tardent pas à s'allibrer par l'usage. Nous avons indiqué (pag. 72 et suivantes) comment on reconnaît si ces garnitures sont en état.

Le piston de la pompe à air et à eau souffre plus la médiocrité dans ses garnitures, et cela en raison de co que la couche d'eau qui se trouve constamment au-dessus de sa surface supérieure établit avec exactitude le contact voulu, fait elle-même les fonctions de piston.

Les autres pistons sont ceux de la pompe alimentaire, de la pompe à injection et de celle d'exhaussion, quand il y en a.

Plaques, rondelles fusibles, globes d'explosion.

Comme la vapeur d'eau, quand elle est saturée, ne saurait acquérir une température plus forte sans acquérir une tension relative, on a ajouté aux chaudières, comme moyen préservatif des explosions, des plaques, des rondelles ou des globes, construites avec un métal fusible à tel ou tel degré, température qu'on ne voulait point dépasser. Mais on a vu, dans le cours de cet ouvrage (pag. 37), qu'elles peuvent devenir funestes en devenant la cause même des explosions qu'elles sont destinées à prévoir. Nous ne répéterons point ce que nous en avons déjà dit.

Points morts.

Les ouvriers appellent ainsi les époques où les grands pistons, se trouvant à fin de course, sont frappés comme le mouvement d'inertie, par suite de la direction parallèle des bièles et des tiges des pistons et de la fermeture des tiroirs. Pour dépasser ces momens d'inertie, on emploie dans les ateliers les volans qui sont, comme on sait, des réservoirs de forces vives, mais à bord des bateaux à vapeur on est parvenu à s'en passer, en liant les machines entre elles, et faisant agir leur puissance sur deux manivelles coudées, faisant entre elles un angle de 90°. Il résulte de cette disposition que, quand un piston est à son point mort, celui de la seconde machine est à moitié course, et par conséquent, dans la position la plus favorable pour faire continuer le mouvement de rotation à la première. Chaque machine aide ainsi l'autre à dépasser les momens d'inertie en question.

La plupart des bateaux à vapeur de rivières n'ont qu'une seule machine à vapeur et point de volant ni même de contre-poids sur leurs roues. Mais les machines sont de petites dimensions comme les navires : ces derniers, après deux ou trois tours de roue, se mettent facilement en mouvement, et contiennent dès lors eux-mêmes la force vive nécessaire qui agit sur les roues, pour faire dépasser les points d'inertie des machines.

Point fixe du parallélogramme.

C'est la partie fixe F de cet appareil; il importe qu'elle ne prenne point de jeu. C'est une bonne construction que de lier le point fixe du parallélogramme au cylindre, de manière à ce qu'il ne puisse point prendre de jeu que ce dernier ne possède également.

Pompes.

Les pompes dont on fait usage dans les machines à vapeur appliquées à la navigation sont la pompe alimentaire qui sert à nourrir l'eau de la chaudière; elle s'alimente sur la cuvette **C**, dont l'eau possède déjà une certaine chaleur; la pompe à injection, qui sert à refouler l'eau froide dans la capacité **E**; cette eau se prend à l'extérieur du navire, et arrive en pluie dans le condenseur en passant au travers d'une pomme d'arrosoir. A bord des bateaux à vapeur, on se passe très-souvent des pompes de ce genre; la pression exercée par la différence des niveaux du point **E** et de la rivière, l'effet aspirateur de la pompe à air **Y'**, remplissent suffisamment les conditions de pression voulue pour introduire l'eau en pluie dans le condenseur.

Pour enlever les sédimens ou les dépôts de sels des chaudières, on emploie aussi quelquefois une pompe dite d'exhaussion, qui est mise en fonction par la machine même, et qui enlève en quantité déterminée une petite portion *de* l'eau chaude dans la partie basse des chaudières. Il est évident qu'une pareille soustraction d'eau chaude devant se rétablir par une alimentation d'eau froide plus copieuse, il doit en résulter une perte assez notable de calorique. Pour la rendre la plus minime possible, on fait passer le tube qui conduit l'eau alimentaire à la chaudière au milieu de celui qui conduit l'eau chaude exhaussée en dehors du navire. L'eau alimentaire s'échauffe ainsi avant d'entrer dans la chaudière, et rend à l'eau qu'elle contient une grande portion de calorique précédemment enlevée.

Enfin on connaît la pompe à air Y' et les fonctions qui lui sont assignées. Nous avons déjà eu l'occasion d'en parler souvent, nous ne nous répéterons pas.

Presse-étoupes.

Ce sont les pièces telles que Z' Z' Z'' Z'' qui servent à serrer les étoupes des boîtes à étoupes dans lesquelles passent les tiges de pistons. Elles sont surmontées d'un godet qui sert à contenir les graisses destinées à lubréfier in-cessamment ces tiges.

Pulsation.

C'est la même chose qu'un coup de piston, qui se compose, comme on sait, d'une allée et d'une venue entière , c'est-à-dire de deux courses complètes.

Registres.

Plaques de fer circulaires, dont un diamètre sert de charnière, et qui sont destinées à dimi-nuer plus ou moins, soit le passage de la fumée dans la cheminée, soit celui de la vapeur dans ses tubes de conduits.

Celui de la cheminée sert à diminuer le ti-rage quand le feu est trop actif ou la production de vapeur trop abondante. On a vu (page 188) pourquoi il ne fallait point le fermer entière-ment.

C'est au moyen d'un registre ou d'une valve qu'on interrompt l'entrée de la vapeur dans les cylindres à telle ou telle époque de la course des pistons, quand on agit par détente.

Reniflar.

Nom donné à la soupape marquée 10, qui sert à introduire la vapeur dans le condenseur, quand il s'agit de le purger.

Réservoir de la pompe à air, ou *cuvette de trop plein.*

C'est la capacité C, elle reçoit l'eau de condensation par l'ouverture que bouche la soupape 6'. Cette eau, qui provient de la capacité B, est ensuite conduite en dehors par un tube adapté à la cuvette.

Soupapes.

Les soupapes de sûreté ont été imaginées par Papin. Autrefois, on a attribué aux vices de construction de ces appareils la plupart des explosions qui ont eu lieu; mais aujourd'hui on sait qu'elles-mêmes ont pu être les causes premières qui les ont produites : les circonstances d'explosion reposent, comme on l'a vu dans cet ouvrage, sur la désaturation de la vapeur, possible même sur un excès de liquide immobile; et ces mêmes soupapes, destinées à prévoir les explosions, en ont été souvent la cause immédiate, en produisant par leur ouverture la saturation d'une vapeur suréchauffée. Les plaques fusibles sont à peu près dans le même cas.

La surface de l'ouverture que bouchent les soupapes de sûreté est connue, et par conséquent le poids dont il est nécessaire de les charger pour qu'elles ne cèdent qu'à telle ou telle pression de la part de la vapeur intérieure de la chaudière qu'on ne veut pas dépasser.

Les chaudières sont ordinairement munies de deux soupapes de sûreté; il importe de veiller à ce qu'on ne surcharge point leurs leviers dans le but d'obtenir un plus grand effet de la machine.

Tambours.

Nom donné à l'espèce de capacité demi-circulaire qui enveloppe les roues à aubes, et qui

sert à garantir de leur approche et des écla-
boussures qu'elles soulèvent.

On croirait assez généralement que cette espèce de soufflage ne présente aucune solidité à
la mer. Mais en réfléchissant que les tambours
sont placés très-près du centre de figure et de
volume du navire, partie la moins choquée par
les vagues, on ne sera point étonné de leur
résistance.

Plusieurs bâtimens à vapeur ont leurs tambours faits en grosse toile goudronnée ou
peinte.

Tez ou T.

C'est la pièce **TTT** du grand piston qui reçoit
la tête de sa tige, et qui, par les articulations
TT des bièles pendantes, transmet aux balanciers la puissance de va-et-vient. T' T' est le
tez du piston de la pompe à air. La pièce **XD**
portant deux articulations comme **J** au bout
de chaque balancier, et une autre à la manivelle coudée en **N**, s'appelle tez renversé, et
en a effectivement la forme.

18

Thermomètre.

Ces instrumens connus servent à mesurer la température des corps solides ou liquides. Nous pensons que leur application aux chaudières est devenue tout-à-fait indispensable, afin qu'on puisse établir un contrôle entre leurs indications et celles des manomètres à pression des chaudières, et s'assurer ainsi si la vapeur se désature, ce cas étant le plus dangereux qui puisse arriver.

Il serait à désirer que les graduations de tous les thermomètres fussent les mêmes; mais, cela n'étant pas, nous allons comparer entre elles celles qui sont le plus en usage.

Les Français se servent de l'échelle centésimale, c'est-à-dire que le zéro du thermomètre correspond au point de congélation de l'eau distillée, le centième degré à celui de l'eau bouillante. Le zéro du thermomètre de *Réaumur* correspond au même point de congélation de l'eau ; mais le terme de l'eau bouillante ne correspond qu'au 80°. Ainsi donc, puisque

100° centigrades valent 80° réaumuriens, il est facile d'obtenir, par une simple proportion, la valeur en degrés centigrades d'un nombre quelconque de degrés réaumuriens.

Quant au thermomètre de *Farenheit*, les termes de congélation et d'ébullition correspondent, le premier au chiffre 32, le second à 212, c'est-à-dire, que le nombre des degrés intermédiaires est de 180. Ainsi donc, pour connaître la valeur en degrés centigrades d'un nombre quelconque N de degrés de Farenheit, on fera cette proportion :

$$180 : 100 :: N - 32 : x.$$

Tiges des pistons.

S, S, S'. Les avaries de ces pièces, leur fracture sont, le plus souvent, occasionnées par quelques dérangemens de la part du parallélogramme, ou par un vice de fabrication.

Ces défauts de fabrication ou de la matière qu'on nomme *pailles*, peuvent être minimes et résister pendant quelque temps, quand la

machine est neuve, mais ils s'accroissent constamment par l'usage. Les corps gras, dont on
lubréfie les tiges, s'introduisent avec des détrimens imperceptibles, et ne ressortent plus. Le
jeu du piston qui se compose de poussées et de
tractions alternatives, favorise l'écart et le rapprochement inégal de ces fissures ; la fracture
des tiges en est une conséquence inévitable.

Les tiges des grands pistons reçoivent la puissance de ces derniers, la communiquent aux
tez, ceux-ci aux balanciers, etc.

Tirans.

Pour consolider les surfaces planes des
chaudières dites à tombeau, on les lie entre
elles par des barres de fer qui s'arrêtent en
dehors de ces mêmes surfaces, au moyen de
rondelles et d'écrous. Ces barres de fer se
nomment tirans.

Tiroir.

C'est la pièce marquée par les chiffres 3,

3 , 3, qui reçoit son mouvement alternatif du levier angulaire **PLR**, qui lui-même le reçoit de l'excentrique **RO**.

Les tiroirs sont destinés à distribuer alternativement la vapeur en dessus et en dessous du piston et à faire communiquer, en temps convenable et d'une manière également alternative, le haut et le bas du cylindre avec le condenseur.

La machine se mouvant selon la flèche **H**, le tiroir va redescendre et se trouver convenablement disposé pour fournir passage à la vapeur au-dessous du piston. Elle arrivera de **V** en **V'**, tandis que celle qui est contenue dans la partie supérieure du cylindre au-dessus du piston communiquera librement avec le condenseur **C**, en suivant la route indiquée par les chiffres 4, 5', 5, 6. Ces deux effets, comme on voit, conspirent pour faire monter le piston, et on conçoit comment son mouvement, en sens contraire, pourra s'opérer lorsque le tiroir, par suite des fonctions mêmes de l'excentrique, aura pris la position inverse.

Les lettres **Z'' Z''** montrent deux presse-étoupes munies de leurs vis de pression ; la tête de ces vis se projette en dehors de la boîte à tiroir, afin de pouvoir se serrer avec facilité.

Ces presse-étoupes ont pour fonctions d'empêcher la vapeur de passer au condenseur à contre-temps ; quand on s'aperçoit que ce dernier appareil n'accuse pas un vide convenable, il importe de les serrer.

Tubes de décharge.

Ce tube est placé en **C**, et sert à renvoyer en dehors du navire l'excédant de l'eau résultant de l'injection et de la condensation.

Le degré de température de cette eau donne la mesure de la perfection avec laquelle s'opère l'œuvre de la condensation. On a déjà, comme on sait, les moyens de la reconnaître avec les manomètres au vide ; mais comme beaucoup de machines ne possèdent point de pareils instrumens, il convient de s'en assurer par l'apposition de la main sur le tube en question.

Si ce tube est brûlant, la pompe alimentaire doit l'être également, et cela annoncerait une perturbation qui peut n'être que momentanée, mais qui, si elle durait quelque temps, pourrait donner lieu à de graves accidens. Nous avons signalé, dans le cours de cet ouvrage, les causes de ces perturbations, et les moyens d'y remédier.

Volans.

Ces réservoirs de forces vives ne sont plus en usage à bord des bâtimens à vapeur.

APPENDICE.

DES EXPLOSIONS.

On a vu, dans le cours de cet ouvrage, que les chaudières des machines à vapeur peuvent éprouver les destructions suivantes :

1°. Elles peuvent se déchirer par suite de l'usure, d'un vice de construction, ou d'un défaut de soin relativement aux sédimens qui se déposent dans la partie inférieure de leur capacité, et qui s'y solidifient en croûte en s'attachant fortement au métal. Il arrive, en effet, que les couches de sédimens, après s'être solidifiées, participent d'abord aux dilatations du métal des chaudières et se fendent. De nouveaux sédimens, s'introduisant ensuite dans ces nouvelles fissures, font soudure et s'opposent au rapprochement, lors du refroidissement du métal. On conçoit comment de tels accidens peuvent occasionner la rupture des chaudières en gênant la contraction du métal, et comment aussi cet effet est continuellement progressif. Il n'est pas nécessaire, comme on voit, que la pression de la vapeur dépasse celle sous laquelle la machine travaille habituellement, pour que la chaudière fuye ou s'ouvre par l'endroit endommagé, souvent inapparent, qui présente, dans ce cas, une solution de solidité qui doit être progressive. Toutefois, rarement il en résulte des accidens autres que ceux qu'entraîne la suspension du travail de l'atelier.

2°. Les chaudières des machines à vapeur crèvent quand la tension de la vapeur, sans cesser d'être saturée, est poussée trop loin, et que les soupapes de sûreté ne fonctionnent point librement ou sont mal construites. Si la chaudière est en tôle, elle se déchire plus ou moins par l'endroit de son enveloppe qui est le plus faible ou qui contient quelques défauts. Si elle est en fer coulé, elle éclate et peut produire de très-grands dommages.

3°. Les foyers intérieurs des chaudières

peuvent s'aplatir par suite de la formation d'une certaine quantité de gaz hydrogène per-carboné dans les conduits de flamme, et par suite de sa combustion par détonation. Le vide qui en résulte est secondé par la pression intérieure de l'appareil, et souvent par la formation des chambres de vapeur dont nous avons parlé dans cet ouvrage, pour produire l'aplatissement des foyers. Le moyen d'y prévoir, comme on l'a dit, est de ne jamais fermer entièrement les registres des cheminées, et de multiplier les tubulures qui conduisent la vapeur des chaudières aux réservoirs.

4°. Les chaudières font explosion quand, par suite d'un abaissement de niveau, la vapeur se désature, et qu'un accident quelconque vient à produire la saturation instantanée.

———

Nous allons maintenant tâcher d'appliquer à la plupart des explosions qui ont été citées par M. Arago, dans l'*Annuaire* du bureau des longitudes de 1830, quelques unes des explications que nous avons exposées dans cet ouvrage.

« Les machines à vapeur, dit ce savant, pourront être considérées comme le chef-d'œuvre de l'industrie humaine, lorsqu'on sera parvenu, soit à rendre tout-à-fait impossibles les explosions qu'aujourd'hui elles éprouvent quelquefois, soit du moins à empêcher, par des voies certaines, que ces accidens ne donnent lieu aux scènes de destruction et de mort qui les signalent trop souvent. Ce problème, il faut l'avouer, n'a pas été jusqu'ici complètement résolu, quoiqu'il ait excité la sollicitude des physiciens et des artistes les plus habiles. Les ingénieux mécanismes imaginés par Papin, et connus sous le nom de *soupapes de sûreté*, suffisent, il est vrai, dans *les cas ordinaires*; mais il est des circonstances, heureusement assez rares, dans lesquelles ils sont insuffisans et même dangereux. Signaler ces circonstances, autant du moins que l'état imparfait de nos connaissances à cet égard peut le permettre, indiquer les causes qui les amènent, et quelques moyens plus ou moins plausibles de les éviter, tel est le but de ce chapitre.

'» Je vais d'abord mettre sous les yeux du lec-

teur une relation abrégée de toutes les explosions, à moi connues, qui ont eu pour témoins
ou pour historiens des ingénieurs expérimentés.
C'est là que nous trouverons les moyens d'ap-
précier les diverses explications qu'on a données
de ces effrayans phénomènes. »

Exemples des plus grands effets que les explo-
sions aient produits jusqu'ici.

« *Lochrin* est le nom d'une immense distillerie située près d'Edimburgh. Le propriétaire,
dans des vues d'économie, imagina, il y a quelques années, de remplacer l'ancien mode de
travail par la distillation à la vapeur. De larges
tubes de métal, dans lesquels circulait constamment un courant de vapeur d'eau très-chaude,
traversaient donc, d'outre en outre, les vases
renfermant les liquides qu'il fallait mettre en
ébullition. La vapeur échauffante était engen-
drée dans une chaudière en fer forgé de plus
d'un tiers de pouce d'épaisseur, de 37 pieds
anglais de long, d'une largeur de 1 pied au fond,
et de 2 pieds à la naissance du couvercle; en-

fin, de 4 pieds de hauteur. Le poids total de cette chaudière était de 180 quintaux. On remarquait à sa paroi supérieure deux soupapes de sûreté; disposées de manière qu'elles dussent s'ouvrir dès que la pression intérieure surpasserait 60 livres anglaises par pouce carré, ce qui correspondait à quatre atmosphères. De peur que les ouvriers ne surchargeassent les soupapes, l'une des deux était contenue dans une cage grillée fermée à clef.

» Cet immense appareil commença à travailler le 21 mars 1814. Douze jours après, il n'existait déjà plus : une explosion l'avait totalement détruit.

» Au moment de la catastrophe, la chaudière se partagea en deux portions distinctes et inégales. La portion supérieure, composée du couvercle et des deux côtés, pesait 140 quintaux. Elle fut projetée de bas en haut avec une telle violence, qu'après avoir traversé la voûte en briques qui couvrait l'atelier et le toit, elle s'éleva dans l'air à une hauteur verticale de 70 pieds anglais. Cette énorme masse tomba ensuite, à 150 pieds du point de départ, sur un des bâtimens de la distillerie, l'enfonça, et, au terme de sa chute, réduisit en pièces une vaste cuve de fonte de fer, située au rez-de-chaussée.

» Il n'y avait heureusement que deux ouvriers *près* de l'appareil au moment de l'explosion. Ce furent les deux seules personnes qui perdirent la vie, circonstance d'autant plus extraordinaire que les autres parties des ateliers étaient alors encombrées de monde, et que la chaudière, semblable en cela à un immense fourneau de mine, lança, dans tous les sens, et avec une prodigieuse vitesse, une immense quantité d'ustensiles et de débris. Le corps d'un des ouvriers avait été séparé en deux ; l'on regarda comme un fait digne de remarque, que les jambes fussent restées dans la distillerie, tandis que le buste se trouva au loin hors du bâtiment, parmi les décombres.

» La ligne le long de laquelle la chaudière se déchira était parfaitement horizontale et suivait une rangée de clous d'une manière tout aussi régulière que si l'on eût coupé le fer avec de fortes cisailles.

» La chaudière, semblable à celle dont Watt avait donné le modèle, était *concave à l'extérieur* dans sa face la plus voisine du feu. Elle formait là un espèce d'arceau qui permettait à la flamme du fourneau de pénétrer presque jusqu'au centre de la masse liquide. Après l'explosion, la même paroi se trouva *convexe*, tant elle avait été fortement pressée de dedans en dehors. Cette déformation n'offre rien qu'on n'eût pu deviner ; mais on aurait cru difficilement, si l'inspection des lieux n'en avait fourni une preuve démonstrative, que le fond de la chaudière, dont le poids était de 40 quintaux et qui portait de si évidentes traces de l'énorme pression qu'il avait éprouvée de *haut en bas*, eût été cependant *soulevé* pendant l'explosion, à une hauteur de 14 ou 15 pieds, et transporté à quelque distance du massif de maçonnerie sur lequel il se trouvait primitivement établi.

» Aucune circonstance, il importe beaucoup de le faire remarquer, n'autoriserait la supposition que l'accident de Lochrin ait dépendu d'une mauvaise construction des sou—

papes de sûreté. J'ai déjà dit que l'une d'elles était sous clef : ainsi, il faut également écarter toute idée de surcharge ¹. »

¹ La déchirure était horizontale. Nous avons vu, page 38, que c'est le niveau de l'eau qui limite cette ligne de déchirure. Nous voyons ensuite plus haut que la masse-projetée de la chaudière pesait 140 quintaux, tandis que l'autre portion n'était que de 40 quintaux. Nous conclurons de là que le niveau de l'eau était beaucoup trop bas, puisqu'il était bien en dessous de la moitié du volume de l'appareil évaporatoire.

En lisant avec attention ce chapitre, on voit que la surface inférieure concave d'abord, est devenue convexe après, et que malgré cet effet, qui suppose un effort de haut en bas, cette partie inférieure de l'appareil, pesant 40 quintaux, a été transportée à quelque distance du massif et soulevée à la hauteur de 15 pieds.

C'est que l'effort primitif de l'explosion a d'abord ouvert, sans les séparer tout-à-fait, les deux portions de la chaudière. Cet effort, en projetant la masse en l'air, a dû bomber la partie convexe ; mais comme elle était encore attachée par quelques lambeaux de tôle à la partie principale de 140 quin-

Second exemple, caractérisé par l'explosion simultanée de plusieurs chaudières.

« Le bateau à vapeur *le Rhône*, construit par MM. Aitkin et Steel, était destiné à faire l'office de remorqueur entre Arles et Lyon. Il portait une immense machine, parfaitement bien exécutée à Paris dans les ateliers de la Gare, et alimentée par *quatre* chaudières en fer laminé, de $1^m 3$ de diamètre chacune. Depuis l'événement, on a reconnu que le métal, sur beaucoup de points, n'avait que 5 millimètres d'épaisseur.

» Le 4 mars 1827, pendant qu'on se préparait à l'expérience qui, ce jour-là, devait avoir toutes les autorités de la ville de Lyon pour

taux. Elle l'a suivie pendant quelque temps, et s'en est détachée par suite de quelque mouvement de torsion de la part du métal.

Cette explication aura peut-être la force de vérité, si on s'assure qu'après l'explosion, le plus petit fragment a été retrouvé dans le gisement du plus grand et du point de départ.

témoins, le bateau fit explosion. Plusieurs personnes, M. Steel entre autres, périrent victimes de cet accident. Il y eut même des spectateurs tués sur le quai du Rhône par quelques pièces de la charpente du bateau. Le pont tout entier fut projeté à une grande distance ; les tirages et les tuyaux des cheminées, pesant plus de 30 quintaux, s'élevèrent presque verticalement jusqu'à une hauteur considérable ; le dôme de l'une des chaudières alla tomber à 250 mètres du point de départ, et cependant il ne pesait pas moins de 20 quintaux.

» Cette horrible catastrophe fut une conséquence inévitable de l'imprudence de l'ingénieur. Contrarié de ne pas vaincre la rapidité du courant aussi complètement qu'il l'avait espéré, M. Steel fixa invariablement les soupapes de sûreté des quatre chaudières ; il leur ôta toute mobilité. Ce fait, quelque incroyable qu'il puisse paraître, a été constaté d'une manière authentique.

» Nous avons remarqué qu'il y avait quatre chaudières sur le bateau. Il est certain que deux d'entre elles éclatèrent presque simultanément.

Si je suis bien informé, en retirant du Rhône une troisième chaudière qui y était tombée, on a reconnu depuis peu qu'elle avait aussi éclaté. Cette rupture, dans la même seconde, de deux ou de trois chaudières différentes, est un fait très-singulier et dont nous aurons à rendre compte en parlant des diverses explications qu'on a données de ces phénomènes.

» Je ne dois pas oublier de dire qu'à Lyon, comme à Lochrin, le dôme, que l'explosion projeta à la distance de 250 mètres, s'était séparé de la chaudière le long d'une ligne à peu près horizontale, quoique, dans l'étendue de cette ligne, le métal présentât des différences d'épaisseur de plus de deux millimètres. M. Tabareau, à qui j'emprunte ces précieux détails, a calculé que deux millimètres donnaient aux portions les plus épaisses des parois un excès de résistance de plus de 6 atmosphères sur 20 à 25 qui était leur force totale. Ainsi, il y a eu rupture *simultanée* dans des parties de la chaudière dont les tenacités différaient de 6 atmosphères au moins.

» Je viens de faire remarquer combien l'ex-

plosion simultanée de plusieurs chaudières placées sur des fourneaux différens était un phénomène digne d'attention. Il pourra donc être
utile d'en citer un second exemple.

» A l'entrée de la mine d'étain de Polgooth,
il existe une immense machine à feu alimentée
par trois chaudières distinctes. Cette machine
ayant été arrêtée quelques instans pour donner
à l'ingénieur les moyens de réparer la pompe
foulante d'épuisement, deux des chaudières
éclatèrent coup sur coup. Le capitaine Reed,
qui se trouvait alors très-près de la mine, rap-
porte que le bruit de la première explosion
avait à peine cessé, quand la seconde se fit
entendre [1]. »

[1] Ce qu'il y a de réellement positif, c'est que
M. Steel avait calé avec une épontille les soupapes
de sûreté contre le pont du bateau.

Mais il essayait la machine depuis le matin, et
depuis le matin il ne pouvait point vaincre le courant du Rhône; il consommait depuis long-temps
de la vapeur sans alimenter sa chaudière, et il est
probable que sa vapeur était désaturée, par suite du
découvrement d'une surface de chauffe.

On peut encore s'assurer des causes réelles de cet

Explosions occasionnées par une surcharge de la soupape de sûreté.

« Après l'explosion qui démolit entièrement la raffinerie de sucre de Wellclose—Square, à

accident, car les spectateurs ne manquaient pas. Et, si la machine a fait explosion immédiatement après avoir fait quelques tours de roues ou après avoir été arrêtée, c'est qu'il y avait eu désaturation et saturation par suite de la consommation, ou de toute autre manière.

Il n'est pas extraordinaire que toutes les chaudières aient crevé en même temps; car elles devaient communiquer ensemble, par le tube commun qui conduisait la vapeur à la machine. Or, dans ce cas, quel que soit le niveau d'eau des autres chaudières, pourvu que la vapeur soit désaturée dans une seule, elle devait l'être dans toutes. Il en dut être de même de la saturation instantanée et par conséquent de l'explosion simultanée.

L'explosion de *Polgooth* nous paraît très-comparable à la précédente. La machine venait d'être arrêtée, le niveau avait donc pu baisser par suite de cet arrêt, comme nous l'avons vu dans cet ouvrage;

Londres, il fut constaté que *la fonte* dont la chaudière était formée n'avait pas partout une épaisseur suffisante. Au fond, on ne trouva pas moins de deux pouces et demi anglais; sur les deux parois verticales, un pouce et demi; dans la partie inférieure du dôme, sept seizièmes de pouce seulement, et sur quelques autres points l'épaisseur était réduite à un huitième de pouce.

» Quelques instans avant l'événement, contrarié des faibles résultats que l'appareil donnait, un agent du constructeur, malgré les vives représentations des raffineurs, avait chargé la soupape de sûreté d'un énorme poids, tandis qu'en même temps il poussait le feu autant que possible.

» Remarquons qu'à Londres, comme à Lyon, la chaudière éclata à la fois dans des parties qui

de là, désaturation et possibilité d'une explosion. Comme les chaudières sont ordinairement liées entre elles par des tubes armés de robinets, il est possible qu'un de ces robinets fût fermé dans ce moment, et que la chaudière contiguë ait été ainsi garantie de l'explosion.

avaient des épaisseurs si inégales , qu'on aurait
dû supposer que l'une de ses parties cédant à
la force 1 , l'autre résisterait à une action dé-
cuple.

» Durant l'enquête que la chambre des communes institua en 1817, à l'occasion de l'explosion d'un bateau à vapeur à Norwich ,
M. William Chapman , ingénieur civil de Newcastle , cita l'explosion d'une chaudière déterminée comme la précédente , par une surcharge
de la soupape de sûreté ; mais cette fois du
moins l'amour-propre du constructeur ne joua
aucun rôle dans l'événement, car il fut occasionné par un ouvrier qui s'assit sur la soupape ,
afin de donner à ses camarades le spectacle du
mouvement oscillatoire qu'il éprouverait, di-
sait-il, quand la vapeur serait devenue assez
puissante pour le soulever. Or, il arriva, comme
on pouvait le prévoir, que la soupape ne s'ou-
vrit point, mais que la chaudière creva. Les
éclats blessèrent et tuèrent un grand nombre de
personnes.

» En Amérique, un bateau à vapeur sauta
sur l'Ohio, pendant que l'équipage levait l'an-

cre, c'est-à-dire dans un moment où la machine ne marchant point, il n'y avait aucune consommation de vapeur, quoique le feu fût déjà dans toute sa force. Lever ou décharger la soupape, était le moyen de prévenir les accidens; par une inadvertance inexplicable, l'ingénieur, au contraire, y plaça un poids additionnel. »

Explosions précédées d'un grand affaiblissement dans le ressort de la vapeur.

« Dans tous les cas d'explosions que j'ai cités jusqu'ici, celui de Lochrin excepté, il a été constaté que la soupape de sûreté se trouvait ou complètement fermée ou chargée d'un poids trop fort. Les causes de l'effraction semblaient donc évidentes. Maintenant nous allons entrer dans une série de faits beaucoup moins simples. Plusieurs même, je l'avouerai sans détour, ont une apparence paradoxale qui, au premier abord, inspire des doutes; mais les exemples sont nombreux et les autorités irrécusables.

» Quelques instans avant que la chaudière en fonte et à pression moyenne établie à Essone, dans la filature de M. Feray, fît explosion le 8 février 1823, la machine qu'elle alimentait marchait *plus lentement* qu'à l'ordinaire, et à tel point que les ouvriers s'en plaignaient. Quand l'explosion eut lieu, les deux soupapes *venaient de s'ouvrir*, et la vapeur en sortait avec abondance.

» Un accident en tout semblable à celui d'Essone, eut lieu quelques jours après sur le boulevart du Mont-Parnasse, à Paris. Ici, comme chez M. Feray, les ouvriers murmuraient de ce que la marche excessivement lente de la machine ne leur permettait de faire dans la journée qu'une très-petite quantité d'ouvrage, lorsque tout à coup la chaudière, qu'ils supposaient presque vide de vapeur, éclata. Cette chaudière était en cuivre laminé. Rien n'annonçait que la soupape de sûreté eût été en mauvais état, on a même toute raison de supposer qu'une abondante fuite de vapeur précéda l'explosion.

» Lors de l'explosion du bateau à vapeur

l'Etna, en Amérique, la machine ne donnait que 18 coups de piston par minute. Dans sa marche habituelle, ce nombre de coups était de 20 ; ainsi la chaudière éclata sous l'action d'une vapeur sensiblement moins élastique que celle qu'elle supportait ordinairement.

» Le jour de l'explosion du bateau *le Rapide*, à Rochefort, le manomètre avait souvent indiqué une élasticité de la vapeur de 3o centimètres de mercure supérieure à celle de l'atmosphère. Quelques instans avant l'événement, le manomètre n'était qu'à 15 centimètres.

» Il est résulté de l'enquête à laquelle donna lieu l'explosion du bateau à vapeur *le Graham*, qu'à l'instant où l'événement arriva, on venait d'ôter un poids de 20 livres de dessus la soupape de sûreté [1]. »

---

[1] Tous ces accidens s'expliquent par l'abaissement du niveau de l'eau de la chaudière au-dessous de la principale surface de chauffe, d'où il résultait insuffisance dans la quantité et l'espèce de vapeur produite, désaturation, saturation, explosion.

Explosions immédiatement précédées de l'ouverture de la soupape de sûreté.

« Je rappellerai d'abord que l'explosion de la chaudière d'Essone pourrait être classée dans ce paragraphe, car la soupape venait de s'ouvrir quand elle arriva.

» Une chaudière construite pour produire de la vapeur à basse pression, fit explosion, au milieu d'un atelier de Lyon, immédiatement après qu'on eut ouvert un large robinet de décharge par lequel la vapeur commençait à s'échapper avec rapidité. Ouvrir le robinet ou soulever la soupape de sûreté, c'est évidemment tout un : l'explosion, dans ce cas, fut donc déterminée par une manœuvre qui généralement semble devoir la prévenir.

» Ce fait, quelque étrange qu'il puisse paraître, sera certainement adopté de confiance, quand je dirai qu'on en est redevable à M. Gensoul de Lyon, et, de plus, que cet habile ingénieur en a été témoin.

» Si, dans un cas extrême, comme celui que

je viens de rapporter, l'ouverture d'une soupape
peut amener la rupture de la chaudière, il doit
arriver fréquemment que cette ouverture, sans
occasionner aucun accident, détermine cependant une augmentation sensible et brusque
dans la force élastique de la vapeur. Le phénomène, dans ces limites, peut être étudié sans
trop de danger. Je sais qu'à Lyon l'expérience
a été tentée, et que sur une petite chaudière
à haute pression, dès qu'on ouvrait un large
robinet de décharge, la soupape de sûreté se
levait. Je dois dire qu'à Paris, M. Dulong et
moi, nous avons toujours vu, au contraire,
une diminution de tension accompagner l'ouverture des soupapes; mais je n'en regarde pas
moins l'expérience de Lyon comme certaine,
puisqu'elle a pour garans M. Tabareau, direc-
teur de l'Ecole de la Martinière, et M. Rey,
professeur de chimie. Les causes probables de
ce désaccord, que je signalerai plus bas, mon-
treront peut-être comment on peut prévenir
le genre particulier d'accidens auquel cet article est consacré [1]. »

[1] Si le niveau d'eau était bas dans la chaudière,

Ecrasemens intérieurs des chaudières.

« Les chaudières construites avec des plaques malléables de fer ou de cuivre, celles surtout qu'on a destinées à travailler sous une faible pression, éprouvent, dans quelques circonstances, des accidens qui sont précisément l'inverse de ceux dont nous venons de nous occuper.

l'élévation de la soupape de sûreté ou l'ouverture du robinet en question a dû produire l'ébullition en pluie, la saturation, et par conséquent l'explosion.

La machine était-elle arrêtée? D'après ce qu'on a lu, la chose est présumable, et ceci est important à connaître, car c'est un cas, comme nous l'avons vu, très-favorable à l'abaissement du niveau au-dessous d'une surface de chauffe, et par conséquent, à la désaturation de la vapeur.

Nous avons été en présence de quatre machines de la puissance de 40 chevaux pendant plus de deux années, et nous avons toujours vu que quand on élevait la soupape de sûreté la pression diminuait sensiblement.

» Ces chaudières, quelquefois, s'écrasent complètement par une flexion subite de leurs parois qui s'opère de dehors en dedans. Les villes de Lyon et de Saint-Étienne ont été naguère le théâtre de plusieurs accidens de ce genre, contre lesquels il importe de se prémunir, ne fût-ce que pour ne pas voir des ateliers considérables réduits tout à coup à une complète inaction.

» Les petits cylindres des chaudières à foyer intérieur, s'écrasent aussi de temps en temps. Leurs parois, ne pouvant pas, dans certaines circonstances, résister à la pression de la vapeur contenue dans l'espace annulaire, cèdent et s'aplatissent tout à coup. Or, comme ce mouvement ne saurait avoir lieu sans que le métal ne se déchire quelque part, l'eau bouillante se répand par torrens dans les ateliers environnans, et produit souvent de grands malheurs. M. John Taylor, membre de la Société royale de Londres, me fournira un exemple de ce genre d'accidens.

» Dans le *Flintshire*, aux *Mold-Mines*, il y a une immense machine à feu, alimentée par trois chaudières à foyer intérieur. Un jour, la machine était arrêtée depuis cinq minutes ; le contre-maître avait déjà levé les portes des foyers des trois chaudières, et fermé les *registres* des cheminées de deux ; il s'occupait à faire la même opération sur la troisième cheminée ; mais à peine la plaque métallique fut-elle en place, qu'*il vit une bouffée de flamme s'élancer du foyer vers l'atelier*, et une explosion suivit immédiatement. Deux ouvriers, qui se trouvèrent malheureusement placés dans la direction suivant laquelle s'élança l'eau bouillante, périrent sur-le-champ.

» Un examen attentif de la chaudière montra que le cylindre extérieur n'avait ni bougé ni éprouvé de dommage. On reconnut même que le poids suspendu au levier de la soupape de sûreté, était encore à sa place après l'accident. Le petit cylindre n'avait pas éprouvé non plus le mouvement de translation qui, dans ce genre de chaudières, est quelquefois la suite des explosions ; mais il s'était tellement aplati, dans une grande partie de sa longueur, par le rapprochement *des parois latérales*, qu'il restait à peine assez de place pour y introduire la main.

» Au premier coup d'œil, on peut trouver étrange que j'aie placé un écrasement de chaudière dû à un excès de force de la vapeur, à côté des accidens pour ainsi dire inverses dont il est question au précédent paragraphe ; mais on verra bientôt que ces deux genres d'effets, suivant toute apparence, ont une semblable origine [1]. »

Accidens particuliers aux chaudières à foyer intérieur.

« Pour peu qu'on ait réfléchi sur les causes nombreuses qui peuvent amener l'explosion

[1] Remarquez que la machine venait d'être arrêtée : la pression de la vapeur devait avoir augmenté un peu, comme il arrive ordinairement ; mais si, par suite de l'inflammation du gaz hydrogène percarboné, produit par la distillation de la houille quand les registres et les portes des foyers sont fermés, il en résulte un vide parfait, il est évident que la pression de la vapeur n'a pas besoin d'être plus forte que l'habituelle pour que le foyer d'une chau-

d'une chaudière, et sur les combinaisons diverses dont elles sont susceptibles, on reconnaît bientôt à quel point il serait inutile de rechercher à cet égard des règles invariables. On doit remarquer cependant qu'en général la forme de la chaudière est la cause prépondérante; et que c'est elle qui, le plus ordinairement, détermine le genre de l'effraction. C'est en ce sens, surtout, que les tableaux détaillés et complets des accidens qui arrivent journellement, auraient une grand utilité. Grâce aux précieux renseignemens qu'a publiés, il y a deux ans, M. John Taylor, on peut déjà dire, par exemple, que dans les chaudières à foyer intérieur ou à cylindres concentriques, ce sont les parois du petit cylindre qu'il faut considérer comme la partie faible.

» Après l'explosion presque simultanée de deux chaudières, à la mine d'étain de Pol-

dière à basse pression n'y résiste point, puisque, par suite du vide en question, il se trouve effectivement pressé, et par secousse, par une charge bien supérieure à celle de l'épreuve. Le cylindre extérieur ne supporte aucune surcharge quelconque.

gooth, on trouva que les cylindres intérieurs de l'une et de l'autre, étaient tordus sur eux-mêmes et crevassés dans un grand nombre de points.

» A la mine d'*Est-Crennis*, le petit cylindre s'était non seulement aplati, par le rapprochement de ses parois supérieure et inférieure, mais il avait même été lancé hors de l'atelier avec beaucoup de force, sans que le grand cylindre qui l'enveloppait eût bougé, et sans qu'on y remarquât aucune avarie importante. On a déjà vu à la page précédente un autre exemple, encore plus remarquable, de déformation et de rupture complète du petit cylindre d'une chaudière avec invariabilité du cylindre-enveloppe. »

Explosion précédée d'un grand échauffement des parois de la chaudière.

« Un échauffement trop considérable de la portion de chaudière qu'on appelle le réser-

voir à vapeur, peut donner lieu à des accidens. La fonderie de Pittsburg, en Amérique,
en fournira un exemple.

» Dans cet établissement, une machine à
haute pression, de la force de 80 chevaux,
recevait la vapeur de trois chaudières cylindriques séparées, ayant chacune 30 pouces
anglais de diamètre et 18 pieds de long. On
s'était aperçu depuis assez long-temps qu'à
cause de quelque défaut dans un tuyau, abou-
tissant à la pompe alimentaire, l'une de ces
chaudières ne recevait pas assez d'eau et de-
venait rouge, mais comme la vapeur fournie
par les deux autres était suffisante, on crut
pouvoir se dispenser de réparer le mal. Or il
arriva qu'un jour la chaudière rouge fit explosion, que sa majeure partie se sépara de l'une
des extrémités, qu'elle partit comme une fusée
sous l'angle d'environ 45°, traversa le toit du
bâtiment et alla tomber à 600 pieds anglais de
distance [1]. »

[1] Remarquez que les trois chaudières étaient séparées, et que par conséquent une seule pouvait

Explosion d'une chaudière en l'air.

« On a rarement des détails bien précis sur les circonstances dont les explosions des machines à vapeur sont accompagnées, soit parce que ces accidens arrivent inopinément, et durent à peine quelques dixièmes de seconde, soit à cause que les témoins en sont presque toujours victimes. Une inspection attentive des localités, de la forme, de la masse et de la distance des débris, fera souvent connaître quelle partie de la chaudière a dû céder la première, avec quelle vitesse les fragmens ont été projetés; mais ordinairement on sera forcé de s'arrêter là. Il importe donc de recueillir avec soin tout ce que d'heureux hasards pourront nous apprendre de plus sur des accidens si fâcheux et si dignes d'être étudiés. Je m'empresse donc d'extraire d'une lettre de M. Per-

contenir de la vapeur désaturée, faire explosion, sans porter aucun dommage aux autres.

Du reste, on s'était placé tout-à-fait dans les conditions d'explosions, au moins à l'égard de cette chaudière.

kins, le fait qu'on va lire, et qui, j'espère, ne paraîtra pas dépourvu d'intérêt.

» J'ai eu connaissance, m'écrivait cet habile ingénieur, d'une explosion qui se trouva précédée de la formation d'une fissure par laquelle la vapeur s'échappait avec une énorme vitesse. Malgré cette soupape de sûreté improvisée, la chaudière fut détachée de la maçonnerie sur laquelle elle reposait, soulevée en masse à quelques pieds du sol, et c'est en l'air qu'eut lieu l'explosion qui la partagea en deux. La moitié supérieure s'éleva très-haut, l'autre retomba aussitôt sur le sol avec un grand fracas.

» Je me trompe fort, ou les mêmes circonstances ont dû se rencontrer dans l'explosion [1] de Lochrin. »

1 Les circonstances de cette explosion ne détruisent point l'explication que nous avons donnée relativement à l'explosion de *Lochrin*. Rien ne dit au fait que la chaudière se soit crevée par le bas, la déchirure était horizontale.

Au reste, les suites de ces sortes d'accidens doivent varier de mille manières différentes.

NOTE

SUR LES PLAQUES FUSIBLES.

Les plaques fusibles dont on vante les vertus et dont on arme certaines chaudières, ne sauraient être en contact avec l'eau qu'elles contiennent, puisqu'alors elles ne fondraient pas dans les momens de désaturation l'eau étant dans ce cas moins chaude que la vapeur désaturée. Il ne convient même pas, selon nous, qu'elles soient placées sur la partie supérieure du dôme de la chaudière, parce que, bien que la vapeur désaturée, et par conséquent très-chaude, touche les plaques fusibles, le contact du dôme, moins élevé en température, avec ces mêmes plaques, peut modifier, en la retardant, leur fusibilité. En effet, la plus grande chaleur est à la partie la plus voisine de l'âtre, et cette chaleur du métal diminue à mesure qu'on s'en écarte davantage vers le dôme. C'est donc là, auprès de l'âtre, où nous pensons qu'il convient d'établir les plaques, c'est-à-dire à la partie de la surface de chauffe du foyer, qui, par sa position, est la plus susceptible de se découvrir la première. Toutefois, nous craignons encore que la fusion de ces plaques n'ait lieu que quand la désaturation est commencée, et qu'il existe, par conséquent, des dangers; car alors sa suppression instantanée peut produire l'ébullition, et par suite, comme nous l'avons vu, l'explosion.

Tous les auteurs qui ont écrit sur ce sujet important, s'accordent aujourd'hui sur les effets, les causes et l'explication des explosions; ils admettent tous que la surveillance du niveau de l'eau dans les chaudières, est la première de celles qui doivent fixer l'attention des mécaniciens et chauffeurs, préposés à la garde et à la conduite des machines.

Ainsi donc, on ne saurait trop multiplier les appareils qui servent à le reconnaître, et aussi s'attacher à les perfectionner de telle manière qu'ils soient entièrement à l'abri des causes de perturbation que nous avons signalées et qui peuvent en fausser les indications.

Quoique nous nous soyons promis, en prenant la plume, de ne point entamer le chapitre des inventions, nous ne saurions nous empêcher d'indiquer un moyen qui nous paraît propre à prévenir les explosions, et que nous croyons à l'abri des des inconvéniens attachés à l'usage des soupapes dé sûreté et des plaques fusibles ordinaires, signalés dans cet ouvrage.

Soit NN″, O″O, une section perpendiculaire à une chaudière et à son foyer, soit NO, le niveau habituel de l'eau, quand la machine est en fonction.

R est un petit vase conique de même métal que la chaudière et qui est lié à la partie convexe du foyer, de manière à ce que son ouverture soit élevée au-dessus de cette même surface d'environ deux pouces, et de telle sorte aussi que, bien qu'ouvert du côté de l'eau intérieure de la chaudière, cette même eau ne puisse entrer dans cette petite capacité, dès que le niveau est en dessous de N′ O′.

P est un petit cylindre massif de métal fusible qui appuie sur la base du cône, après avoir plongé dans son intérieur. Ce cylindre de métal fusible est lié à une tige de même métal que la chaudière et qui va passer à frottement au travers du recouvrement à pinule et à vis V.

Ce recouvrement est adapté à un système de tubes semblables à celui des longues vues, et fabriqué de telle sorte, qu'on puisse l'abaisser à volonté pour s'assurer qu'il est libre de jouer de haut en bas.

P′ est un contre-poids surmonté d'un crochet qui sert à appuyer tout le système, et par conséquent le cylindre de métal fusible, contre le fond du vase conique R.

21.

Par suite de cette installation, si nous supposons que, par un excès de chaleur, le métal fusible se fonde, la tige obéira au contre-poids qui pèse sur elle, et si son crochet est lié à une sonnerie, on sera averti que le niveau d'eau dans la chaudière n'est plus qu'à deux pouces et même moins de la surface de chauffe dont $N''O'$ est la tangente. Or, ce cas arrivera quand il n'y aura plus d'eau dans le cône, chose très-possible, puisque ce dernier, placé dans l'endroit le plus favorable pour recevoir la plus forte chaleur, n'est plus alimenté d'eau, dès que le niveau est en dessous de $N'O'$, et que de plus, sa base étant d'une largeur telle qu'elle présente beaucoup de surface au feu, l'eau intérieure au cône ne tardera pas à s'évaporer.

Ainsi donc, quand le cône sera vide, il acquerra une chaleur plus grande que celle du reste de l'appareil, et le cylindre fusible se fondra avant que le niveau d'eau de la chaudière soit descendu jusqu'en $N''O''$, c'est-à-dire avant qu'une explosion soit possible.

Tout cet appareil peut être fabriqué de manière à ce que son démontage soit facile, et n'entraîne point l'ouverture des trous d'homme, le cône peut se visser à la chaudière (au foyer) par l'intérieur qui est ordinairement praticable. Le système dont V est le recouvrement peut être également installé à vis. Il sera donc aisé de rétablir les choses telles qu'elles étaient primitivement.

Comme la portion fondue du petit cylindre n'est point capable de remplir la capacité du cône, on peut, sans démonter ce dernier, ce qui nécessiterait l'extinction des feux et la cessation du travail, le changer par le seul démontage du système en V, mais alors le nouveau cylindre s'appuiera sur du métal fusible. Après le refroidissement de l'appareil, on pourra rétablir les choses telles qu'elles étaient auparavant.

Le crochet en P″ peut non seulement correspondre à une sonnerie, mais encore, et tout à la fois, à la clef d'un robinet qui servirait dans ce cas à projeter de l'eau dans le feu pour l'éteindre, ou dans la chaudière, pour rétablir son niveau habituel.

Force élastique de la vapeur d'eau évaluée en milli-mètres pour chaque degré du thermomètre centigrade.

DEGRÉS.	TENSION de la VAPEUR.	DEGRÉS.	TENSION de la VAPEUR.	DEGRÉS.	TENSION de la VAPEUR.
— 20	1,133	7	7,971	34	38,254
19	1,429	8	8,375	35	40,404
18	1,531	9	8,909	36	42,743
17	1,638	10	9,475	37	45,038
16	1,755	11	10,074	38	47,579
15	1,879	12	10,707	39	50,147
14	2,011	13	11,378	40	52,998
13	2,152	14	12,087	41	55,772
12	2,302	15	12,837	42	58,792
11	2,461	16	13,630	43	61,958
10	2,631	17	14,468	44	65,627
9	2,812	18	15,353	45	68,751
8	3,005	19	16,288	46	72,393
7	3,210	20	17,314	47	76,205
6	3,428	21	18,317	48	80,195
5	3,660	22	19,417	49	84,370
4	3,907	23	20,577	50	88,742
3	4,170	24	21,805	51	93,301
2	4,448	25	23,090	52	98,075
1	4,745	26	24,452	53	103,16
0	5,059	27	25,881	54	108,27
+ 1	5,393	28	27,390	55	113,71
2	5,748	29	29,045	56	119,39
3	6,123	30	30,643	57	125,31
4	6,523	31	32,410	58	131,50
5	6,947	32	34,261	59	137,94
6	7,396	33	36,188	60	144,66

Suite de la force élastique de la vapeur d'eau, etc.

DEGRÉS.	TENSION de la VAPEUR.	DEGRÉS.	TENSION de la VAPEUR.	DEGRÉS.	TENSION de la VAPEUR.
61	151,70	85	431,71	109	1032,04
62	158,96	86	449,26	110	1066,06
63	166,56	87	467,38	111	1100,87
64	174,47	88	486,09	112	1136,43
65	182,71	89	505,38	113	1171,78
66	191,27	90	525,28	114	1209,90
67	200,18	91	545,80	115	1247,81
68	209,44	92	566,95	116	1286,51
69	219,06	93	588,74	117	1325,98
70	229,07	94	611,18	118	1366,22
71	239,45	95	634,27	119	1407,24
72	250,23	96	658,05	120	1448,83
73	261,43	97	682,59	121	1491,58
74	277,03	98	707,63	122	1534,89
75	285,07	99	733,46	123	1578,96
76	297,57	100	760,00	124	1623,67
77	310,49	101	787,27	125	1669,31
78	323,89	102	815,26	126	1715,58
79	337,76	103	843,98	127	1762,56
80	352,08	104	873,44	128	1810,25
81	367,00	105	903,64	129	1858,63
82	382,38	106	934,81	130	1907,67
83	398,28	107	966,31		
84	414,73	108	994,79		

Table des forces élastiques de la vapeur d'eau et des températures correspondantes d'une à 24 atmosphères, d'après l'observation, et de 24 à 30 atmosphères par le calcul [1].

Elasticité de la vapeur exprimée en atmosphères de om,76 de mercure.		Elasticité en mètre de mercure à 0°.	Température correspondante. Thermomètre centigrade.	Pression sur un centimètre carré.
1		0m76	100°	1k033
1	½	1,14	112,2	1,549
2		1,52	121,4	2,066
2	½	1,90	128,8	2,582
3		2,28	135,1	3,099
3	½	2,66	140,6	3,615
4		3,04	145,4	4,132
4	½	3,42	149,06	4,648
5		3,80	153,08	5,165
5	½	4,18	156,8	5,681
6		4,56	160,2	6,198
6	½	4,94	163,48	6,714
7		5,32	166,5	7,231
7	½	5,70	169,37	7,747
8		6,08	172,1	8,264
9		6,84	177,1	9,297
10		7,60	181,6	10,33

[1] Cette table est le principal résultat d'un grand travail que le gouvernement avait demandé à l'Académie des Sciences. Les expériences pénibles et souvent très-dangereuses dont elle offre, pour ainsi dire, le résumé, ont été faites par MM. Dulong et Arago.

Suite de la table des forces élastiques de la vapeur.

Elasticité de la vapeur exprimée en atmosphères de 0m,76 de mercure.	Elasticité en mètres de mercure à 0°.	Température correspdante Thermomètre centigrade.	Pression sur un centimètre carré
11	8,36	186,03	11,363
12	9,12	190	12,396
13	9,88	193,7	13,429
14	10,64	197,19	14,462
15	11,40	200,48	15,495
16	12,16	203,6	16,528
17	12,92	206,57	17,561
18	13,68	209,4	18,594
19	14,44	212,1	19,627
20	15,20	214,7	20,660
21	15,96	217,2	21,693
22	16,72	219,6	22,726
23	17,48	221,9	23,759
24	18,24	224,2	24,792
25	19,00	226,3	25,825
30	22,80	236,2	30,990
35	26,60	244,85	36,155
40	30,40	252,55	41,520
45	34,20	259,52	46,485
50	38,00	265,89	51,650

N. B. Les températures qui correspondent aux tensions de plus de 24 atmosphères ont été calculées par la formule $t = \dfrac{\sqrt[5]{e-1}}{0,7153}$, où e exprime l'élasticité en atmosphères, et t la température à partir de 100°, en prenant l'intervalle de 100° pour unité. On a de fortes raisons pour croire que l'erreur ne serait pas de 1° à 50 atmosphères.

Ancienne Table des forces élastiques de la vapeur d'eau à différentes températures.

Élasticité de la vapeur, en prenant la pression de l'atmosphère pour unité.	Hauteur de la colonne de mercure qui mesure l'élasticité de la vapeur.	Température correspondante sur le thermomètre centigrade.	Pression exercée par la vapeur sur un centimètre carré de surface.
Atmosphères.	Mètres.	Degrés.	Kilogrammes.
1	0,76	100	1,063
1 ½	1,14	112,2	1,549
2	1,52	122	2,066
2 ½	1,90	129	2,582
3	2,28	135	3,099
3 ½	2,66	140,7	3,615
4	3,04	145,2	4,132
4 ½	3,42	150	4,648
5	3,80	154	5,165
5 ½	4,18	158	5,681
6	4,56	161,5	6,198
6 ½	4,94	164,7	6,714
7	5,32	168	7,231
7 ½	5,70	170,7	7,747
8	6,08	173	8,264

TABLE

DES MATIÈRES.

FIN DE LA TABLE.

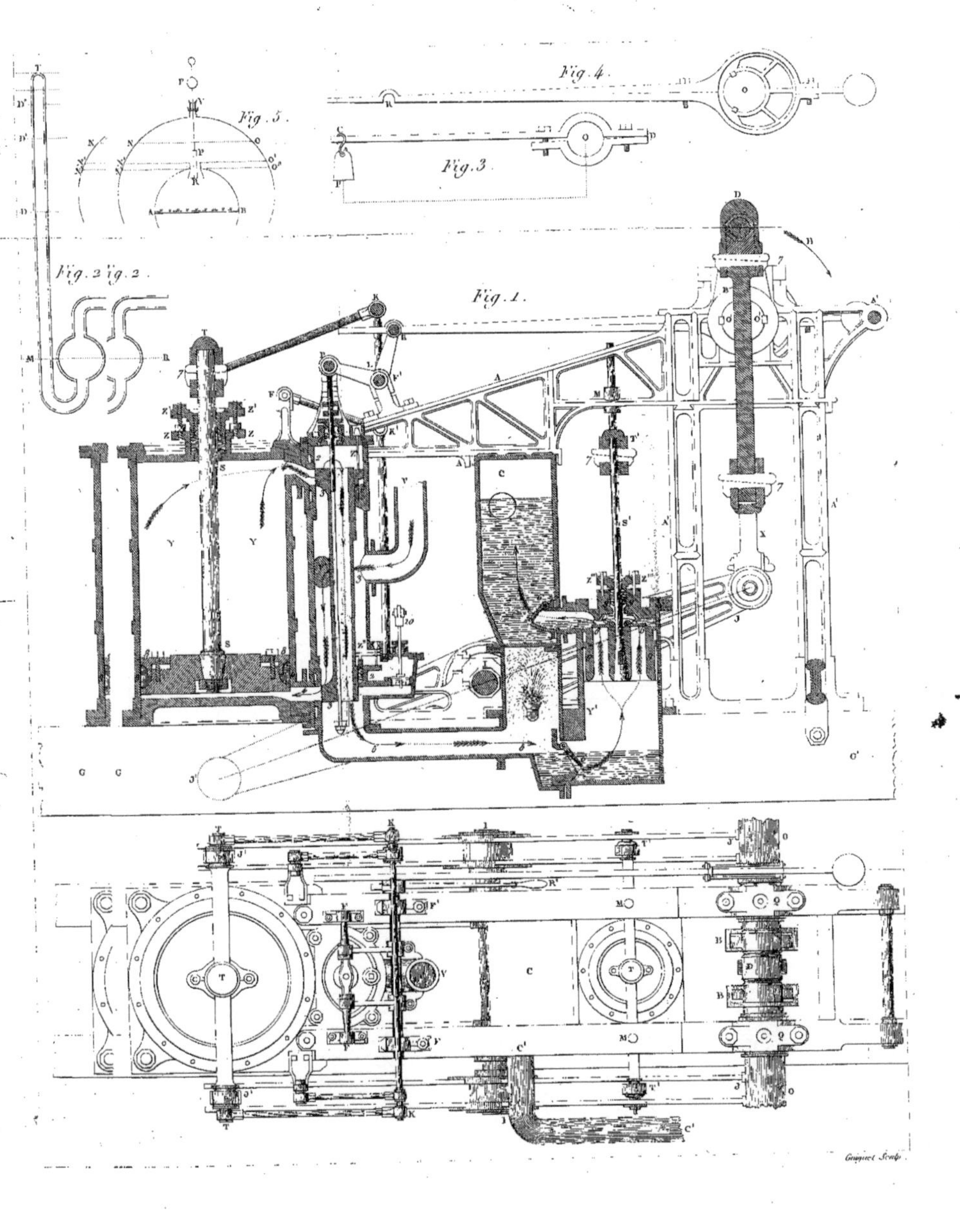

Fig. 4.

Fig. 3.

Fig. 5.

Fig. 2.

Fig. 1.

Gaujeut Sculp.

9 782019 965440